선한 권력의 탄생

1%가 아닌
'우리 모두'를 위한
권력 사용법

선 한
권력의
탄 생

대커 켈트너 지음 \ 장석훈 옮김

프런티어

권력은 무엇인가?

삶은 양식의 집합체다. 먹고 마시고 잠자는 양식과, 투쟁-도 피 반응fight-or-flight을 결정하는 양식은 개체의 생존에 매우 중요 하며, 짝을 짓고 잠자리를 하고 애착하고 갈등하고 유희하고 창작하고 가정을 꾸리고 협동하는 양식은 공동체의 생존에 매 우 중요하다. 지혜란 바로 이런 양식을 파악하여, 삶이라는 긴 서사에 일관성 있는 한 부분으로 자리매김할 줄 아는 능력을 일컫는다.

  이 책은 사회적 삶의 양식에 관한 것이다. 우리가 일상에서 어떤 상호작용을 하고, 궁극적으로 어떤 삶을 영위할지는 바 로 이 양식에 좌우된다. 불륜을 저지르거나 범법 행위를 저지 르게 될지, 공황장애로 고통을 겪거나 우울증에 매몰될지, 아니면 만성질환으로 요절하거나 삶의 목적을 발견하고 그 결실을 얻을 수 있을지, 이 모든 것에 중요한 영향을 미친다. 이런 양식에 대한 고찰은 지난 20년간 연구 활동을 진행하면서 나의 뇌리를 떠난 적이 없었는데, 나는 이를 권력 역설이라 부른다.

권력 역설은 다음과 같이 말할 수 있다. 인간성 차원에서 최선의 모습을 보일 때 우리는 권력을 얻어 세상을 바꿀 수 있는 반면, 최악의 모습일 때는 그 권력을 잃고 만다는 것이다. 그리고 타인의 삶을 윤택하게 만듦으로써 우리는 세상을 바꿀 수 있지만, 상황이 안 좋을 때는 그 권력과 특권을 이용하여 충동에 휩싸인 통제불능의 소시오패스가 될 수 있다는 것이다.

우리가 이런 권력 역설의 문제를 다룰 줄 안다면, 우리는 사적인 삶뿐만 아니라 공적인 삶에서도 올바른 지침을 얻을 수 있으며, 나아가서는 우리 자신과 우리가 사랑하는 이들이 행복한 삶을 영위할 수 있는 방법도 알 수 있다. 타인의 아픔을 공감하고, 너그럽고 공손한 마음을 지니고, 창의적이며 지적인 엄밀성을 갖추고, 공동체와 사회연결망 속에서 함께 힘을 모으는 일도 여기에서 비롯한다. 그 파급 효과로 우리네 가족,

이웃, 직장의 모습을 규정하는 양식이 만들어지는가 하면, 사회의 모습과 그 사회 안에서 논의되는 쟁점(예를 들어 성폭력, 소수 인종과 성소수자에 대한 편견과 차별, 제도적 빈곤과 불평등 같은)을 규정하는 넓은 의미의 양식도 만들어진다. 결국 권력 역설의 문제를 잘 다룬다는 것은 건전한 사회를 향해 나아가는 데 매우 중요하다.

20년 전, 권력 역설의 실체를 밝히기 위한 연구에 처음 손을 댔을 때, 곧바로 나는 '권력은 무엇인가?' 라는 문제에 직면했다. 권력 역설 문제를 제대로 다루려면 권력이 무엇인지를 알아야 했다. 그런데 연구를 시작하고 보니 다음과 같은 사실에 놀라지 않을 수 없었다. 우리 문화가 권력을 이해하는 방식은 그 연원이 오래고 뿌리가 깊으며, 그 토대가 니콜로 마키아벨리와 그가 16세기에 쓴《군주론》에 의해 만들어졌다는 사실이다. 피렌체 출신의 저자는 그 책에서 무력, 기만, 무자비, 전략적 폭력이 권력의 요체라고 주장했다. 이런 마키아벨리의 주장을 좇아 그동안 많은 사람들이 권력을 특별한 형태의 강압적 행위로 이해해왔다. 권력이란 무소불위 독재자가 휘두르는 그 무엇이었던 것이다. 이렇게 본다면 지휘관이 전쟁터에서 단호한 결정을 내리거나, 사업가가 적대적 인수를 시도하거나, 자신의 경력을 위해 동료를 짓밟거나, 또는 학교에서 자기보다 몸집이 작은 친구를 괴롭히는 것과 같은 이 모든 일에 권력의 문제가 개입돼 있는 것이다.

하지만 엄밀히 따져볼 때, 권력에 대한 이런 관점은 오늘날 유지되기 어렵다. 그 관점으로는 역사에서 벌어진 중요한 변화—예를 들면, 노예제 폐지, 독재자의 몰락, 아파르트헤이트의 종언, 시민의 권리와 여성과 성소수자의 권리를 쟁취하기 위한 운동 등—를 설명할 수 없기 때문이다. 뿐만 아니라 의학 발달, 피임약 발명, 소셜 미디어의 등장, 힘없는 자들을 보호하기 위한 입법, 뛰어난 영화 작품, 실험적인 회화 작품이나 문학 작품, 과학의 발견도 설명할 길이 없다. 무엇보다 심각한 것은 권력을 강압이나 기만으로 보는 관점이 우리 삶에 얼마나 깊이 스며 있냐는 것이다. 부모와 자식 사이에서부터 직장 동료 사이에 이르기까지 우리의 모든 인간관계를 권력이 얼마나 좌우하는지 우리가 제대로 자각하지 못하는 것이 가장 심각한 문제이다.

차
례

ONE
권력은 세상에 기여하는 것이다

TWO
권력은 쟁취하는 게 아니라 주어지는 것이다

우리 삶에 권력이 작용하는 모습들

권력은 세상에 기여하는 것이다

—

마키아벨리가 살았던 르네상스 시대의 피렌체 이후, 사회는 크게 바뀌었으므로 권력에 관한 낡은 정의에서도 우리는 벗어날 필요가 있다. 사고를 확장하여 세상을 바꿀 수 있는, 특히 오늘날 사회연결망 속에 있는 타인들에게 영향을 미칠 수 있는 것으로 권력을 정의할 수 있다면, 우리는 권력 역설의 문제를 더 잘 헤쳐나갈 수 있을 것이다.

이처럼 새로운 정의에 입각해서 보면 권력이란 일거수일투족이 사람의 이목을 집중시키는, 드라마 주인공 같은 인생을 사는 극소수의 개인—악명 높은 독재자라든가, 유명 정치인 또는 연예인 같은 부유한 제트족 등—에게만 국한된 것이 아니다. 권력은 중역 회의실이나 작전 지휘실 또는 상원 회의장 같은 데에서만 존재하는 것도 아니다. 오히려 이 새로운 권력은 모든 사람의 일상 속에 존재한다. 특출한 행위 속뿐만 아니라 일상의 행위 속에도 존재한다. 두 돌 난 아이에게 야채를 먹이는 것에서부터 융통성 없는 동료를 잘 달래어 일을 잘 마무리하는 과정에 이르기까지, 이 모든 관계와 상호작용 속에 새로운 정의에 입각한 권력이 자리한다. 다른 사람에게 기회를 주고, 정곡을 찌르는 물음을 던져 친구가 창의적인 생각을 하도록 하고, 성마른 동료를 달래고, 젊은 사람이 사회에서 성공할 수 있도록 지원을 아끼지 않는 등, 이런 모든 곳에 새로운 정의에 입각한 권력이 자리한다.

어머니와 태아, 부모와 자식, 연인들, 유년 시절 친구들, 십 대 때 친구들, 회사 동료들 그리고 갈등의 상대들, 이들 사이에서 끊임없이 벌어지는 상호작용을 규정하는 건, 바로 상호 영향의 양식이라고 할 수 있는 권력 역학이다. 권력이란 그것을 통해 우리와 타자가 관계를 맺을 수 있는 매개체다. 권력이란 다른 사람에게 영향을 미치는 가운데 세상을 바꾼다.

권력은 주어지는 것이다

—

세상을 변화시킬 수 있다는 그 권력을 우리는 어떻게 얻는가? 과거의 마키아벨리식 권력 철학에서 보면 권력이란 움켜쥐는 것이다. 권력 쟁취라는 서사는 맥베스, 줄리어스 시저, 대부 그리고 최근의 〈하우스 오브 카즈〉에 이르는 문학이나 영화에 영향을 미쳤다. 정적을 제거하기 위해 벌이는 권모술수와 피비린내 나는 암투가 흥미로운 이야깃거리이긴 하다. 하지만 그것은 21세기를 사는 우리가 권력을 규정하는 방식과는 거리가 멀고 오히려 과거의 유물이거나 허구에 더 가깝다.

기존과 다르게 새롭게 권력을 바라보는 움직임에서 우리는, 권력이란 쟁취하는 것이 아니라 다른 이에게서 부여받은 것임을 알 수 있다. 사회연결망 속에서 다른 사람들의 삶을 향상시킴으로써 우리는 권력을 얻을 수 있다. 다양한 사회조직과 직장에서도 그러하고 친구나 연인 또는 가족 간 관계에서도 그러하다.

인류 진화에서 중요한 발전 가운데 하나가 사회조직이 수직 계층 관계(영장류로서 우리와 사촌지간인 유인원에게선 아직도 나타나고 있는)에서 수평적인 것으로 바뀌었다는 것이다. 오늘날에도 수렵 채집을 하는 이들은 인류 진화의 토대가 되었던 소공동체 단위로 생활을 영위한다. 이런 토대에서 우리 인류는 초사회적 종hypersocial species으로 진화했는데, 그러한 초사회적 종은 보호의 손길을 오랫동안 필요로 하는 자식을 낳아 기르고, 먹거리를 구하고, 거처를 마련하며, 힘을 합쳐 안전을 도모하는 가운데 소공동체 생활을 영위한다. 인류가 진화하는 동안에도 계층 질서는 존재했지만, 초사회적 특성 덕에 개개인은 동맹이라는 이름으로 서로 결속했고 누군가 권력을 남용하면 바로 제어에 들어갔다. 결국 공동체는 마키아벨리식 철권 독재자보다 공공의 선을 위해 노력하는 이들에게 권력을 부여할 수 있는, 일종의 권한을 갖게 되었다.

공동체는 사회적 행동의 양식에 따라 개인에게 권력을 부여하는데, 이 사회적 행동의 양식은 종종 혼란스러운 모습을 띠거나 경멸과 조롱의 대상이 되곤 한다. 좋든 싫든 인류라는 종은 평판에 집착한다. 페이스북의 눈부신 성장세나, 남 얘기 좋아하는, 제인 오스틴 소설 주인공들을 향한 식지 않는 애정을 보더라도, 또는 남들보다 더 유명해지려는 사회 환경에서 폭발적으로 성장하는 산업들을 보더라도 충분히 알 일이다. 좋은 평판을 얻는 것이 사회생활에서 무엇보다 중요한 것이다.

그러면서도 우리는 젊은 사람들에게 평판에 집착하지 말라고 한다. 남들이 뭐라 하든 자기만의 표현을 중요하게 여기라고 말이다. 그러나 공동체에 의해 형성된 한 개인의 평판이 그에게 권력을 취할 자격을 부여하고 권력 남용의 여지가 없다는 보증을 해준다. 권력이 곧 평판인 것이다.

평판은 공동체 내에서의 소통, 특히 뒷말과 같은 것을 통해 만들어진다. 뒷말은 내용이 소소하지도 않으며 대충하는 것도 아니다. 그리고 사회생활에서 쉽게 그 뿌리를 뽑을 수 있는 것도 아니다. 그것은 공동체 구성원이 정보를 퍼뜨리며 한 개인의 평판을 형성하는 매우 정교한 수단이다. 공동체는 이런 뒷말을 통해 어떤 개인이 공동체 이익을 얼마나 증진할지 따져보며, 그에게 얼마만큼의 권력을 부여할지 결정한다.

성욕이나 식욕처럼 행위에 강력한 동기를 부여할 수 있는, 향상된 위상에 걸맞은 대접과 사회적 보상을 해주는 방식으로 공동체는 개인에게 권력을 부여한다. 이렇게 전략적으로 개인을 대우하면서 공동체는 권력을 가진 이가 계속해서 공동체의 이익에 부합하는 방향으로 행동하게 하고, 그런 행동에서 스스로 뿌듯함을 갖도록 만든다. 세상을 지속적으로 바꾸는 개인의 영향력이란 곧 그 개인에 대한 타인들의 평판인 셈이다.

따라서 권력 유지는 하나의 특권인데, 그 특권을 좌우하는 건 그 권력을 계속해서 부여하는 타인들이다.

이제 권력 역설과 관련하여 중요한 물음을 던질 때가 됐다. 권력을 가지고 무엇을 할 것인가. 세상에 기여하는 가운데 다른 사람들로부터 꾸준히 인정을 받을까, 아니면 이전의 수많은 이들이 그랬던 것처럼 권력을 잃고 말까. 권력을 어떻게 행사했을 때, 권력을 유지하거나 또는 잃게 될까.

사랑에 빠지는 경우를 제외하고 권력 획득, 권력 남용, 권력 상실로 이어지는 양식만큼 흔한 사회생활의 양식도 없을 것이다. 권력 남용에 이은 권력 상실을 보며 우리는 놀라움을 금치 못한다. 리처드 닉슨의 사임, '충격과 공포' 작전(미국이 수행한 이 작전으로 인해 미국 안에서도 권력 상실이 일어났다)으로 인한 사담 후세인의 몰락, 엔론의 붕괴 그리고 철창신세를 졌거나 아직도 지고 있는 마이클 밀켄, 마사 스튜어트, 데니스 코즐로프스키, 버니 매도프 등의 예를 떠올려보자. 권력 상실의 예들을 보다 보면, 권력 남용은 피할 길이 없는 게 아닌가라는 생각도 든다. 그러나 권력 역설은 이런 단순한 공식을 따르지 않는다. 다행스럽게도 권력 역설엔 선택의 여지가 있기 때문이다. 권력 남용은 인지상정이 아니다. 이 점을 이해하려면 우리가 세계를 인식하는 방식에 권력이 어떻게 작용을 하는지 먼저 알아야 한다.

　권력은 다른 사람에게 실질적인 영향을 미칠 수 있는 능력뿐만 아니라 심리 상태를 일컫는다. 권력의 맛을 보기 시작하면 우리는 기대감과 희열과 확신으로 조바심을 친다. 즉 자신이 무언가를 해야 하는 어떤 명분이 주어졌다고 생각한다. 권력을 삶의 활력으로 여기는 이들은 세계 곳곳에 존재한다. 권력은 도파민 분비가 최고조에 이른 상태라고 할 수 있다. 이런 상태는 다른 사람과의 상호작용 방식에 깊은 영향을 미치는데, 그 모습은 조광증 증세와 비슷하다. (사실, 조광증이 발현될 때 권력에 취한 듯한 감정이 수반된다.)

　우리는 권력을 경험할 때마다—이는 일상의 상호작용 속에서 종종 겪게 된다—어떤 순간, 즉 어떤 선택의 갈림길에 놓인다. 매일같이 치르는 것이되 우리 인생에서 중요한 결정을 내려야 하는 순간을 맞이한다. 권력의 맛을 보면 우리는 권력을 유지하는 가운데 세상을 지속적으로 바꾸면서 다른 사람들의 인정을 계속 받고자 하거나, 아니면 권력이 야기할 수 있는 전횡의 유혹에 빠지게 된다. 어느 쪽 길을 택하느냐는 우리에게 매우 중요한 문제다.

권력은 타인에 대한 관심에서 획득되고 유지된다

—

권력 역설을 다루는 일은 사사로운 욕망과 타인에 대한 관심 사이에서 균형을 잡는 일이다. 가장 사회적인 동물인 우리 인간은 타인에게 호의를 베풀고 강력한 사회적 공동체를 구성하는, 즉 타인에게 관심을 기울이는 보편 지향의 사회적 실천을 수행해왔다. 진지한 자세로 이런 실천을 하는 사람이라면 권력의 맛을 보았다고 해서 그것을 자기만족을 위해 남용하는 잘못된 길로 빠지진 않을 것이다. 그보다 꾸준히 사회적 변화를 도모하는 데서 더 깊은 희열을 얻을 수 있는 선택을 할 것이다. 이와 같은 사회적 실천에는 네 가지가 있는데, 즉 공감하고 나누고 고마움을 표현하고 이야기를 하는 것이다. 이 네 가지 실천은 타인을 존중하고 기쁘게 하며, 사람들을 돈독히 결속하는 바탕이 된다. 그런 결속력을 바탕으로 다른 사람으로 하여금 효과적인 행동을 취하게 함으로써 우리는, 우리가 가진 권력을 언제나 더 좋은 방향으로 쓸 수 있게 된다.

권력 남용

—

타인에 대한 관심을 거두면 이기적이고 근시안적인 행동을 취하게 된다. 즉 권력을 남용하게 되는데, 그 예는 신문이나 역사책, 전기, 또는 셰익스피어와 같은 위대한 작가들의 작품에서 얼마든지 찾아볼 수 있다.

권력의 유혹을 이기지 못해 나락에 빠지는 건 부유한 유명인에게만 해당하는 말이 아니다. 언제든 누구나 그렇게 될 수 있다. 타인에게 마음을 두지 않으면 공감하지 못하며 동정심이 사라진다. 그리고 충동적이며 비윤리적인 행위를 하고 무례하고 점잖지 못한 태도를 취할 것이다. 권력을 쥐었다는 느낌이 들면, 우리는 거리낌 없이 남을 깎아내리고 자기는 추켜세우며 비윤리적 행위를 합리화하게 된다.

권력 역설의 골자는 이렇다. 우리가 권력의 유혹에 넘어가게 되면, 처음에 우리가 권력을 획득할 수 있게 만들어준 바로 그 능력을 상실한다는 것이다. 그리고 사회생활의 모든 영역에서 권력을 남용하는 일이 벌어진다는 것이다. 식탐, 상스러운 말과 행동, 속임수, 성희롱, 성폭력, 폭력을 수반한 인종차별, 비윤리적 행동, 난폭 운전 등은 권력 남용에서 비롯한다.

이처럼 권력 역설에 사로잡히면, 자신의 권력은 약화되고 그 권력의 주요 기반이었던 타인들은 위협을 느끼는 동시에 멸시를 당했다는 느낌을 갖게 된다. 권력 남용이 반복되면 일터에서는 사람들의 믿음을 잃고, 가정에서는 서로 헌신하는 마음이 없이 소원한 관계가 된다. 그리고 그물망처럼 얽혀 서로 협력하는 시민사회는 실코가 풀린 상태가 된다.

무력감의 대가

—

오늘날 미국인 일곱 명 가운데 한 명은 빈곤에 허덕이고 있다. 미국의 어린이 가운데 놀랄 만큼 많은 수가 굶주림과 질병에 시달리며 학교 공부에 집중하지 못하고 있다. 지난 30년간, 불평등이 가속되면서 갈수록 벌어지는 빈부격차는 현재 미국이 당면한 가장 치명적인 사회문제로 자리 잡았다.

미국 정치는 돈이 아주 많은 사람들에 의해서만 좌지우지되는데, 권력 역설에 사로잡힌 그들은 힘없고 가난하고 평등하지 못해서 생기는 문제에 대해 거의 무지한 상태다. 미국은 경제적 불평등이 더욱 확산되고 있는 가운데 빈곤과 인종주의도 사라질 기미가 없다. 마이클 브라운, 에릭 가너, 프레디 그레이 그리고 이름도 제대로 알려지지 않은 이들의 죽음으로 '흑인의 목숨도 중요하다Black Lives Matter'라는 시민운동이 촉발되었고, 폭압적인 제도적 폭력에 대해 심각한 우려를 불러일으켰다. 사교모임, 예비학교, 명문사립대학, 사교계 입문 무도회, 남학생 사교 클럽, 여학생 사교 클럽, 자선 이사회, 기업 이사회 같은 사회제도는 부주의로든 고의로든 권력 불균형을 고착화하고 있다.

이런 사회문제를 다루는 데서 우리가 한 가지 놓친 것이 있는데, 바로 무력감의 심리학이다. 이 새로운 문제를 다루는 학자들은 이런 물음을 던진다. 빈곤, 불평등, 인종주의, 성차별 등에서 기인한 무력감이 어떻게 우리 안에 자리 잡게 되었을까? 국가 단위에서든 주 단위에서든 아니면 군이나 시 단위에서든, 그 안의 팽배한 경제적 불평등은 불신과 충동적 행위를 낳고 공동체 의식을 약화시키며 우울, 불안, 폭력이 난무하는 건강하지 못한 삶을 야기한다. 이런 무력감은 종종 힘 있는 자들이 권력 역설에 사로잡힌 나머지 생겨나며 그 대가는 결코 만만하지 않다. 무력한 개인은 위협에 더욱 민감해지며, 코르티솔 호르몬이 과분비되면서 스트레스 반응이 비정상적으로 과해지고 뇌에도 좋지 않은 영향을 미친다. 결국 이는 조리 있게 생각하고 성찰하고 세상에 기여하며 밝고 희망찬 미래를 꿈꾸는 우리의 능력에도 부정적인 영향을 줄 수밖에 없다. 나는 기후변화 문제를 제외한다면 무력감이야말로 오늘날 우리 사회가 직면한 가장 심각한 위협이라고 생각한다.

새로운 권력학

—

학문의 중요한 임무 가운데 하나는 명료한 학술명을 붙이는 것이다. 용어가 명확해지면 외계에서 벌어지는 일이든 우리 정신 안에서 벌어지는 일이든 양식화된 현상을 우리가 더 잘 이해할 수 있다. 특히 권력 문제를 논할 때 꼭 필요한 일이다. 권력이라는 낱말은 돈, 명예, 사회 계급, 존경, 신체적 힘, 에너지, 정치 참여 등을 두루 가리키기 때문이다. 사회심리학자로서 나의 관심은 권력이 사람들의 개인적 삶과 사회적 삶에 어떤 영향을 미치는지, 그리고 일상생활을 구성하고 있는 사회적 상호작용 속에서 어떻게 권력이 형성되는지에 가 있다.

다음의 정의들은 이와 같은 관심에서 유추된 것이며, 이는 새로운 권력학이 밝혀낸 권력의 원리들을 이해하는 데 중요한 역할을 할 것이다.

권력power : 타인의 상태에 영향을 미침으로써 세상을 바꿀 수 있는 능력

위상status : 사회연결망에서 사람들로부터 받는 존경심 또는 그들이 안겨주는 명예. 위상과 권력은 함께 가는 경우가 많지만, 그렇지 않을 때도 있다.

지배력control : 인생의 결과물을 좌우할 수 있는 능력. 세상을 등진 은둔자의 경우, 자신의 인생에 대해 완전한 지배력을 갖고 있다고 할 수는 있어도 권력을 갖고 있다고 할 수는 없다.

사회 계급social class : 실제로 자신이 누리고 있는 재산, 교육수준, 명망 있는 직업 등을 종합한 것이다. 또는 자신이 사회 계급 사다리의 상, 중, 하 가운데 어디에 속해 있는가에 대한 주관적 느낌을 가리킨다. 이 두 가지 모두 권력의 사회적 형태다.

새로운 권력학을 다루다 보면, 우리는 이 학문이 밝혀낸 원리

를 가지고 다양한 형태의 계급이 서로 어떻게 관계를 맺는지 그리고 그것이 어떻게 우리 행위를 규정하는지 알아낼 수 있을 것이다.

이제 위 정의들을 숙지했다면 우리는 새로운 권력학을 둘러볼 준비가 끝났다. 그 전에 한 가지 분명히 하고 싶다. 이 책은 리더십 그 자체를 다룬 책도, 우리에게 영감을 불어넣는 동서고금의 리더들에 관한 책도, 권력을 남용한 이들에 관한 책도 아니라는 점이다. 이미 그런 책들은 넘쳐난다. 나는 사업, 과학, 교육, 정부기관, 공익단체, 기술, 보건, 생명공학, 금융 등 각 분야의 리더들을 대상으로 강의를 하고 있다. 그들은 경험을 통해 권력 역설이 그들의 일과 관련이 있으며, 그 역설을 슬기롭게 극복하는 것이야말로 뛰어난 리더십을 유지하는 데 결정적 요소임을 안다. 그들은 권력 남용이 개인의 삶과 조직을 어떻게 약화시키는지를 잘 보아온 터였다.

그리고 나는 페이스북, 픽사, 구글 등에서 성공적으로 팀을 이끌고 있는 사람들뿐만 아니라 샌퀜틴 주립 교도소에서 갱생 프로그램을 이끌고 있는 재소자들과도 많은 시간을 보냈다. 그동안 이 책에서 다룰 스무 가지 권력의 원리들을 체득한 지도자들을 많이 만날 수 있었다. 그렇지만 나는 심도 있고 획기적인 전망을 담은 리더십 서적을 저술하려는 사람이 아니다.

더불어 이 책은 정치에 관한 책도 아니다. 강연을 마치고 나면 정치와 역사 관련 질문을 종종 받는다. 우리는 권력과 정치를 같은 것으로 보는 경향이 있으므로 충분히 이해할 수 있는 일이다. '히틀러의 경우는 어떻습니까?' 'ISIS는요?' '그것으로는 로베스피에르와 프랑스혁명에 대해 제대로 설명할 수 없지 않습니까?' '셰릴 샌드버그가 대통령이 되었다면 미국은 어떤 나라가 됐을까요?' 나로서도 알 수 없는 노릇이다. 설익은 생각을 답변으로 내놓으면서 스스로 겸연쩍기가 여러 번이었다. 그러나 권력 역설을 알면, 스탈린의 공포정치라든가, 참담한 결과를 빚은 케네디의 피그만 침공 등을 이해하는 데 도움이 된다. 그리고 왜 선거에 출마하기만 하면 사람들은 정치체로서의 언론의 역할에 막중한 책임이 있다고 하는지, 왜 미국 정치의 골칫거리였던 트리클다운 경제가 심리적 자산효과에 대한 현실적 이해에 바탕을 둔 게 아닌지, 그리고 어떻게 해서 무자비한 대규모 무력행사("충격과 공포" 작전이나 베트남 전쟁 같은)가 권력의 측면에서 역풍을 낳고 국가에 짐을 지우는지를 이해하는 데도 도움이 된다.

스무 가지 권력 원리—이는 사회집단 내 직접적 권력 역학에 관한 것이다—를 통해 정치인들이 권력을 잃고 그들의 정치적 유산을 상실하는 경우뿐만 아니라, 다양한 층위—정당과 이념 운동의 성쇠와 그와 비슷하게 전개되는 국가의 흥망 등—의 정치 분석에 따라 권력 역학의 양상을 조망할 수 있으리라 본다. 이 원리들은 현재 벌어지는 뜨거운 논쟁들에도 그 의의가 있다. 그 논쟁들이란 국가권력의 이행 문제, 국제사회에서의 '소프트 권력'과 '하드 권력'의 문제, 그리고 하드 권력(군사력, 무력 침공, 경제 제재)과 비교할 때 갑자기 등장하여 지속적인 영향력을 미치는 소프트 권력(문화, 사상, 예술, 제도)의 문제에 관한 것들이다. 그러나 국내외 정치와 관련하여 역사에 기반을 두고 맥락을 고려한 심층적 분석은 전통적 존재들—역사가, 정치학자, 문화비평가, 언론인—과 방법론과 혜안을 갖춘 이들의 몫으로 두는 게 낫겠다. 따라서 독자 여러분은 이 책을 일반인 눈높이에 맞춘 권력 분석서 정도로 생각해주시길 바란다.

우리는 권력 문제와 관련해 역사상 가장 역동적인 시대를 살고 있는지도 모른다. 여성의 손에 전례 없는 권력이 주어지고 있는 중이다. (물론 여성들은 아직 정당한 보수를 받지 못하고 있으며, CEO와 같은 고위직에 오른 여성도 많지 않다.) 새롭게 등장한 경제적 초강대국인 인도와 중국이 등장하면서, 미국식 권력의 본질에 대해 복잡하면서도 반드시 던질 수밖에 없는 문제가 제기되고 있다. 그리고 노골적인 마키아벨리주의자들이 주도했던 러시아 등 구시대의 초강대국들이 깨어나고 있다. 조직들은 수직에서 수평 구조로 바뀌고 있다(수입 불평등에서 여전히 큰 차이가 나긴 해도). 페이스북, 구글, 트위터, 인스타그램, 스냅챗, 텀블러 등은 네트워크를 통해 타인이 우리의 행동을 파악할 수 있을 정도로, 다시 말해 인간적 상호작용의 핵심을 파악할 수 있을 정도로, 아이디어들이 전개되는 방식을 크게 바꿔놓았다. 그와 함께 상태 기반의 강압적 권력도 계속 존재하는데, 이는 뉴스에 보도된 무자비한 경찰의 행위를 보면 잘 알 수 있다. 우리는 권력을 새롭게 볼 필요가 있고 권력 역설을 어떻게 다룰까 하는 부분에도 꾸준히 노력을 기울일 것이다.

권력의 관점에서 볼 때만이 우리는 우리 자신을 제대로 이해할 수 있다. 사회생활—친구 사귀기, 가족 구성원끼리 화목하게 지내기, 끈끈한 연애 생활 유지하기, 일터에서 제 몫하기, 지역 사회에 이바지하기, 그리고 일상생활 속에서 서로 어울리는 즐거움을 만끽하기(여기에는 뒷말, 공유, 손길, 고마음의 표현, 섹스, 스토리텔링, 귀찮게 하기, 잠자기, 먹기, 건강 관리하기 등이 있다)—에서 우리가 기뻐하는 것들의 대부분은 두말할 것 없이 권력 역설을 어떻게 다루느냐와 관련이 있다. 인간 본성과 관련하여 우리를 불편하게 하는 많은 것들—수치, 탐욕, 오만, 인종적 횡포, 성폭력, 가난한 이들에게 집중된 우울증과 열악한 건강 상태 등—은 우리가 권력 역설을 다루는 방식에서 기인한다. 아무쪼록 이 책을 읽으면서 독자 여러분은 권력 역설의 문제를 극복할 수 있는 자신만의 방식을 찾고, 그리하여 세상을 바꿈으로써 얻을 수 있는 희열을 맛보기를 바란다.

ONE

권력은
세상에 기여하는
것이다

권력은
세상에
기여하는
것이다

20년 전, 내가 권력에 대한 연구를 시작할 때만 해도 권력은 곧 강압이자 힘이자 지배력이었다. 국가 흥망성쇠는 군대 개혁, 정복, 팽창 그리고 군사활동이 국가 경제력에 미치는 영향 등으로 설명했다. 계급 관계는 지배자와 피지배자의 관계로 설명하거나 경제적 지배가 의식의 내용을 규정하는 방식으로 설명했다. 양성의 관계도 종속의 관점에서 바라보았다.

권력을 강압과 관련지어 바라보는 시각은 니콜로 마키아벨리의 《군주론》를 보면 잘 알 수 있다. 이 책은 역사학 수업을 듣는 수많은 학생들이 해마다 읽고 있으며, 전 세계 행정과 경영 그리고 공공정책 관련 학교에서 이 책을 교재로 사용한다. 마키아벨리가 이 책을 쓴 때는 폭력이 극단적으로 자행되던 시기였다. 오늘날보다 살인 사건은 백 배 이상 많이 발생하고, 강간 사건은 그냥 넘어가던 시대였다. 고문은 공개적인 구경

거리여서, 고문을 자행할 때 노래와 시를 곁들이기도 했다. 권력 남용에 대해서는 거의 제재가 없었다. 글을 읽을 수 있는 사람은 극소수인데다 무장 세력을 제도화할 체계적 군사 조직도 없었고 보편 인권이라는 개념은 찾아보기 어려웠던 시대였다.

《군주론》이 제시한 것은 그런 폭력 시대에 걸맞은 권력 철학이었고, 그에 따르면 권력은 "강압과 권모술수" 그 자체였다. 그러한 권력을 획득하고 유지하기 위해서는 충동적이면서도 사납고 폭력적인 예측 불가능한 폭압을 휘둘러야 한다. 그 권력을 놓치지 않기 위해 다른 꿍꿍이가 있어도 고결한 척 행동해야 한다. 이런 권력은 정적과 비판자들을 잠재우고(또는 죽이고), 자신만을 추종하라고 독려하며, 대중의 입을 막는다. 강압과 권모술수로 사람들을 지배하는 것이다.

그러나 이와 같은 권력 개념에 반하는 예를 우리는 쉽게 찾아볼 수 있다. 역사상 수많은 중요한 변화, 즉 여성 참정권 채택, 시민 입법, 언론 자유 운동과 그것이 베트남 전쟁 반전 데모에 미친 영향, 인종차별 정책의 폐지, 새롭게 부상한 동성애자 권리 등이 경제적으로나 정치적으로 그리고 군사적으로 미약한 민중에 의해 이루어졌다. 어떤 강압적인 힘을 가지고 세상을 바꾼 게 아니었다.

최근 한 연구에 따르면, 1900년부터 2006년까지 무언가에 항거하여 일어난 운동이 323개나 되며 그 지역은 동티모르에서부터 한때 구소련에 속했던 국가까지 아우른다. 이러한 운동들 중에는 폭력—폭탄 테러, 암살, 참수, 고문, 시민 살상—을 전략적 수단으로 삼은 것도 있고, 비폭력 수단—행진, 농성, 청원, 불복종—을 사용한 것도 있다. 비율로 보면 후자가 53 대 26으로 두 배 이상이며, 비폭력 수단을 통해 정치권력을 획득하고 시민들의 광범위한 지지를 이끌어내며 독재 정부를 무너뜨리는 데 이바지했다.

사람들은 자신의 힘이 약하다고 느낄 때 강압에 의지하려 한다. 사회생활에서 마키아벨리 전략, 즉 거짓말을 하고, 음모를 꾸미고, 남을 짓밟고 출세하려는 방법을 써먹으려는 사람은 권력과 영향력 측면에서 다른 사람보다 더 열등감을 느낀다고 한다. 개인 삶에서도 연인 관계에 있는 사람들이 상대에게 으름장을 놓거나 신체 또는 감정상 위해를 가하는 강압적인 행동을 하는 경우는 상대보다 무력하다고 느낄 때다. 말 안 듣는 자식을 두고 어찌할 바 모르는 부모는 자식을 학대하려는 경향이 있다. 학교 폭력을 자행하는 학생들은 다른 학생들 위에 기만적으로 군림하려 들지만, 또래들 사이에서는 우러러

보거나 대접해줄 거리가 없어 영향력 면에서 학급에서 거의 밑바닥인 경우가 많다. 오늘날엔 강압적 힘으로는 권력을 얻기 보단 오히려 잃기 쉽다.

마키아벨리 관점에서 보면 오늘날 우리 일상에서 어떤 식으로 권력이 형성되는가를 알기 어렵다. 히틀러, 스탈린, 사담 후세인, 폴포트 등 악명 높은 독재자들의 무자비한 폭력을 권력으로 인식한다면, 우리는 친구, 부모, 연인, 자식, 동료들과의 관계에서 권력이 미치는 양상을 제대로 파악할 수 없게 된다. 권력을 극단적 제압 행위—탱크가 마을로 밀고 들어가거나 아부그라이브 교도소●에서 간수가 발가벗긴 죄수를 개처럼 다루던—로 본다면, 창의성, 이성적 추론, 윤리적 판단, 애정, 감정과 같은 일상 행위에 권력이 어떤 식으로 영향을 미치는지를 이해할 도리가 없다. 권력을 강압으로 정의하면 우리는 권력을 곡해하여 결국 권력 역설의 문제도 제대로 다룰 수 없다.

1938년, 유럽에 파시즘이 팽배할 때, 영국 철학자 버트런드

● 후세인 시절, 이라크 최대의 정치범 수용소였다. 그러다 미군이 이라크를 점령하면서 이곳에 이라크 포로를 수용한다. 이때 포로에 대한 비인도적 행위가 수없이 자행되었다.─옮긴이

러셀은 다음과 같이 말했다. "물리학에서 가장 기본이 되는 개념이 에너지이듯 사회과학에서 가장 기본이 되는 개념은 권력이다 (…) 사회동역학社會動力學, social dynamics의 법칙은 권력이라는 개념을 통해서만 설명할 수 있는 법칙이다."

우리 목표는 권력이 사회동역학 전반을 어떻게 규정하는가를 이해하는 데 있다. 지난 40년, 강압적 힘을 권력의 기반이자 그 표현으로 바라보는 관점은 변화하고 있다. 40년 전, 사람들은 사업, 법, 언론, 정치, 스포츠, 지역 사회단체 등 어느 영역에서든 리더십에는 지배력과 단호함과 힘이 필요하다고 보았다. 그러나 근래 벌어진 사회적 변화를 생각하면 오늘날 사정은 다르다. 북미, 남미, 유럽, 아시아, 중동 등지에서 사람들은 타인에게 연민을 품고 그들을 더 행복하게 만들어주고자 할 때 권력의 참모습이 드러난다고 생각한다. 타인을 따뜻하게 대하고 그 마음을 헤아릴 줄 아는 것이 힘에 기반한 리더십 못지않게 단호하고 강력하며 대담하다는 것이다.

버트런드 러셀의 주장을 염두에 두고 우리가 취할 첫 단계는, 권력이 무엇인가에 대한 우리의 사고를 확장하는 것이다. 권력에 대한 새로운 정의는 비대칭적 힘이 개입된 관계와 상호작용뿐만 아니라, 다른 모든 종류의 관계와 상호작용에도 적용할 수 있어야 한다. 그것으로 우리가 다른 사람에게 미치는 온갖 방식의 영향력을 조명할 수 있어야 한다. 그 다양한 방식의 영향력으로는 새로운 이념을 제창하고, 시위를 주도하고, 도움이 필요한 사람들의 마음을 북돋아주고, 자본의 흐름을 다른 곳으로 바꾸는 것 등이 있다. 결국 새롭게 정의되는 권력은 인간의 상호작용이 벌어지는 모든 맥락에 적용되어야 하며, 모든 형태의 사회적 변화를 이해하는 데 필요한 도구가 되어야 한다.

이러한 요건들을 충족시킬 수 있는 정의 한 가지를 들어보자. 권력은 세상을 바꾼다는 정의다. 이러한 정의는 타인의 삶을 변화시키는 것과 관련된 것이므로 본질적으로 실용적이다. 그리고 이 정의는 타인에게 영향을 미침으로써 세상을 바꿔나간다는 우리 인간의 고귀한 사회적 본성을 반영한다.

이러한 정의에 따르면 우리는 개념적 차원에서 다음과 같은 오해의 요소를 바로잡을 수 있다. 즉 권력이란 명성이나 인기와 큰 관련이 없다는 것이다. 세상에 기여하는 데 명성이 별다른 역할을 못하는 경우가 많기 때문이다. 반대로, 세상에 기여하는 이들을 보면 명성은 거의 누리지 못하고 익명으로 남는 경우가 대부분이다. 그리고 통념과 달리 권력은 재산이나 사회 계급과도 큰 관련이 없다. 사람들이 권력이나 영향력을 느끼는 정도에서 사회 계급—재산과 학벌과 번듯한 직업으로 구성되는—이 미치는 비중은 겨우 10에서 15퍼센티지밖에 되지 않는다. 돈과 계급은 다른 사람의 삶을 더 낮게 만들어주는 자원으로 쓰일 경우에만 권력의 맥락에서 받아들일 수 있다. 권력을 세상에 기여하는 것이라고 정의한다면 거기엔 다음 네 가지 원리가 따르게 된다.

권력은 세상에 기여하는 것이다

원리 01_ 권력은 타인의 상태를 바꾸는 것이다.

원리 02_ 권력은 모든 관계와 상호작용 안에 존재한다.

원리 03_ 권력은 일상 행위에서 찾아볼 수 있다.

원리 04_ 권력은 사회연결망 안의 타인에게 권력을 부여하는 데서 비롯한다.

이런 원리들을 바탕으로 우리 주장을 정리해보자. 우리는 타인의 상태를 바꿈으로써 세상을 바꿀 수 있다.(원리 1) 그러므로 권력은 모든 종류의 관계와 상호작용 안에 포함돼 있다.(원리 2) 위 두 원리를 전제하면, 권력은 역동적이며 늘 움직이는 것이다. 그리고 일상의 모든 행위에서 찾아볼 수 있다.(원리 3) 따라

서 권력은 우리 안에 존재하지 않고, 사회연결망 안에 흩어져 있으며, 타인에게 권력을 부여하는 행위 속에 존재한다.(원리 4) 이 네 원리에서 비롯된 주장과 그 근거를 자세히 살펴보는 것이 이 장에서 우리가 할 일이다.

권력은 타인의 상태를 바꾸는 것이다

—

사회과학에서 권력의 개념을 재력, 군사력, 정치력 등으로 규정하고자 하는 데는 그럴 만한 이유가 있다. 그런 영역에서의 행위가 세상을 크게 바꿀 수 있다고 보기 때문이다. 하지만 권력이 모든 사회동역학에 스며있다고 한다면, 우리는 권력을 새롭게 정의해야 한다. 재력, 무력, 정치력이 개입되지 않아도 우리가 세상을 바꿀 수 있다는 것을 보여주어야 하기 때문이다.

그렇다면 권력이란 타인의 상태를 바꾸는 것이다. 여기서 '상태'란 타인의 조건을 의미한다. 상태란 여러 가지를 가리킨다. 은행 잔고나 신앙 또는 감정을 가리킬 수도 있고, 육체적 건강이나 투표권 행사 또는 감시를 당한다는 느낌을 가리킬 수도 있다. 그리고 뇌활동 패턴이나 면역체계 반응을 가리킬 수도 있다.

　이런 식으로 권력을 정의한다면 우리는 어떻게 해서 권력이 그렇게 다양한 형태를 띠고, 다면적인 방식으로 다른 사람들에게 영향을 미치는지 더 잘 이해할 수 있을 것이다. 보수, 재산, 안정된 일자리, 은퇴 자금 등에 변화를 주거나 또는 어려움에서 벗어날 수 있는 혜택을 베풀거나, 아니면 당사자에게 직접 자본을 대주거나 그 사람이 일할 수 있는 조직에 자본을 대줌으로써 우리는 다른 사람의 경제적 상태에 영향을 미칠 수 있다. 그리고 정치활동에 참여하는 방식, 투표 성향, 정치적 발언을 이해하는 감각, 국가에 대한 자부심 또는 수치심과 같은 정치적 상태에도 영향을 미칠 수 있다.

　우리는 세상에 대한 개인의 인식을 바꿀 수 있다. 사실, 세상에 대한 이해가 바뀌면서 중요한 사회적 변화가 시작되었다. 18세기에 세계 인구의 4분의 3은 노예였으며 유럽 경제의 대부분이 삼각 노예무역에 기반했다. 삼각 노예무역이란 아프리카로 공산품을 수출하고, 거기서 노예를 카리브 제도로 실어 날라 사탕수수를 재배하게 하고, 그런 다음 필요한 원자재를 유럽으로 가져오는 것이다. 이런 권력 구조를 와해

시킨 것은 무엇일까? 바로 지식이다. 어느 날, 케임브리지 대학생인 토머스 클락슨은 노예제도의 잔혹성을 다룬 논문을 대학 논문 경시대회에 제출했다. 그는 장원으로 뽑혔고 그 논문을 본 퀘이커 교인들은 노예제도 폐지를 위한 조직에 그가 함께하기를 요청했다. 지칠 줄 몰랐던 클락슨은 영국 전역을 돌아다니며 카리브 지역에서 노예무역을 했던 사람들을 만나 취재했다. 그리고 거기서 알게 된 사실을 논문이나 팸플릿 등으로 사람들에게 알렸다. 그의 폭로로 삼각무역을 반대하는 운동이 일어났고, 영국 상원과 하원의 양심적인 의원들의 마음을 움직였으며, 결국 영국은 노예제도를 종식시키기에 이르렀다.

우리는 타인의 신체적 상태를 바꿈으로써 권력을 행사할 수도 있다. 버지니아 아프가Virginia Apgar는 콜롬비아 의과대학의 첫 여성 정교수였다. 1952년, 의사들이 생명 유지가 어려울 듯한 조숙아들을 죽게 내버려두는 것을 보다 못한 그녀는, '아프가 점수'를 고안했다. 신생아의 호흡, 맥박, 피부색, 자극반응, 근육 활동을 10점 만점으로 한 채점표로, 출생 후 1분과 5분에 채점표를 작성한다. 이 점수표가 의료 현장에 널리 쓰이면서 수많은 생명을 살릴 수 있었고, 미국의 경우 아홉 명 가운데 한

명 꼴로 태어나는 조숙아로 인해 발생하는 사회적 비용에 대한 경각심을 불러일으켰다. 그 비용으로 미국 경제에서 연간 262억 달러가 빠져나갔다. 이처럼 신체적 상태를 바꾸는 것으로 우리는 다른 사람에게 영향을 미칠 수 있다.

사람들이 선호하는 것과 취향 그리고 사견을 바꾸는 데도 권력이 자리한다. 패스트푸드의 선구자들은 사람들의 음식 선호와 식습관을 새롭게 바꿈으로써 국민 건강에 분명한 영향을 미쳤다. 그 영향력은 의학의 몇몇 발전만큼이나 강력하다. 1960년대부터 시작된 비달사순의 "레디투웨어" 헤어컷은 여성들이 선호하는 머리 모양을 바꿔놓는 동시에, 컬 핀과 스프레이를 붙들고 보내는 시간으로부터 여성을 해방시켰으며 외출할 때 머리 손질을 좀 더 손쉽게 할 수 있게 만들었다. 레이디 가가는 음악을 통해 십 대들에게 끊임없이 변화하는 정체성을 표현할 수 있는 언어와 공론장을 마련해줌으로써, 성의식과 성별의식에 혁명적 영향을 미쳤다.

권력을 사람들의 상태를 바꾸는 것으로 본다면 어떻게 해서 미술, 음악, 풍자, 문학 등이 사람들에게 영향을 미치는지 이해할 수 있다. 이처럼 창작을 위한 표현 형식이 개인 통장 잔고에 직접적인 영향을 미친다든가 전쟁터에서 어떤 결정을 내리는 데 영향을 미친다는 건 아니다. 그러나 현실적이며 옳고 공정한 것에 대한 우리의 믿음에 영향을 미칠 만큼 강력하다. 디어 애비Dear Abby 칼럼을 통해 수많은 사람들이 일상에서 직면하는 도덕적 딜레마—십대 자녀와 우울증 문제를 어떻게 얘기할 것인가, 바람피우는 남편을 어떻게 할 것인가, 만만찮은 시댁 식구 또는 처가 식구와 어떻게 지낼 것인가 등등—를 헤쳐 나가는 데 도움을 받았다. 러시 림보우, 글렌 벡, 존 스튜어트, 스티브 콜버트, 디 어니언, 새터데이 나이트 라이브는 정치 현안을 적나라하게 보여준다. 마사 스튜어트, 보노, 르브론 제임스, 에드워드 스노든, 아리아나 허핑턴, 오프라 윈프리 같은 문화계 인물들은 사람들로 하여금 정치적 성향을 새로 갖게 만들거나 다른 성향을 갖게 만들 뿐만 아니라, 옳고 그름에 대한 생각에도 영향을 미친다. 결국 권력은 사람들의 상태를 바꾸는 것이다.

권력은 모든 관계와 상호작용 안에 존재한다
—

지금으로부터 170여 년 전, 전형적인 영국 가정은 차를 마실 때 1840년대 빅토리아조의 도기 찻잔 세트를 이용해 차를 마셨다. 세트는 중산층을 위해 대량 생산되었으며, 은박 레이스로 멋을 낸 찻주전자, 설탕 그릇, 우유 단지로 구성되어 있었다. 영국인들이 집에서 차를 마시는 행위는 곧 대영제국의 무력 외교에 동참하는 행위였다. 화려하지 않은 그 찻주전자를 찻물로 채우기 위해, 영국은 중국과 두 차례 전쟁—아편전쟁—을 치렀으며 찻잎을 수확할 값싼 노동력을 얻고자 인도와 실론을 빼앗았다. 그리고 차에 넣을 설탕 때문에 영국의 지배층은 노예무역을 했다. 여기서 우리는 모든 공산품에 권력이 깃들어 있음을 알 수 있다. 다시 말해, 그것이 만들어지고 생산되는 방식에, 다른 이의 상태를 바꾸는 방식에, 그것을 얻는데

필요한 자원에, 그리고 그것의 유무로 사회적 위치가 결정되는 방식에 권력이 깃들어 있다.

사회적 관계에서도 마찬가지다. 권력은 모든 관계와 상호작용에 만연하다. 내가 전공한 사회심리학에서는 오랫동안 다음과 같은 입장을 견지했다. 예를 들어, 젊은 연인 사이나 부모 자식 사이처럼 특정 범주의 관계는 권력 역학과 무관하다고 말이다. 물론 사랑에 빠져 상대와 일체감을 느끼거나, 키들키들 거리는 네 살 아이를 안고서 한없는 기쁨을 느낄 때 보면 이런 범주의 관계엔 위계, 영향, 권력이 끼어들지 않는다고 할 수 있다.

그런데 최근 세계 곳곳에서 심도 있게 진행되는 연구에 따르면, 어떤 형태의 관계에서든 권력이 개입된다고 한다. 물론 권력이 더 일방적이며 노골적으로 나타나는 그런 관계들이 있긴 하다. 예를 들면, 수천 년 전의 군장 부족사회, 군대 조직, 위계적 종교, 인도와 일부 국가의 카스트 제도, 조직 내 직책을 명시한 조직도가 그러하다. 하지만 좀 더 면밀히 진행된 연구에 따르면, 모든 관계는 서로 영향을 주고받는 관계라는 것이다. 실제로 배 속의 아기와 엄마는 엄마가 자궁에서 만들어낸 영양분을 차지하기 위해 서로 경쟁한다. 임신 관련 질환 중에는 경쟁이라는 관점에서 볼 때 이해가 가는 것들이 있다. 태아와 어머니의 관계처럼 위계적이지 않은 관계도 서로 영향을 주고받는 형태를 띤다는 것이다. 타인의 상태를 바꾼다는 관점에서 권력을 정의한다면 권력은 가족, 친구, 경제적 이해관계 등 모든 형태의 관계에 스며 있다.

모든 사회적 관계에 권력이 촘촘히 스며 있다는 사실을 알면 우리는 자신의 삶을 통찰할 여지가 생긴다. 이런 관점에서 권력을 바라보면, 동기간도 다르게 보인다. 나의 형 롤프와의 관계만큼이나 나는 다른 사람과도 많은 것을 공유하고 있다는 생각이 든다. 우리 인간은 비슷한 유전자 코드에 비슷한 역사로 가공된 렌즈를 통해 세상을 보기 때문이다. 그런데 나는 이제 나이를 먹을 만큼 먹었고, 권력 역학의 영향을 받으며 지금의 내가 되었다.

어린 시절엔 손위 형제가 키도 크고 몸도 다부지며 말주변도 좋고 머리회전도 빠른데다 제 몸 건사도 잘하기 마련이다. 그들은 동생들 위에서 더 많은 권력을 누린다. 어린 형제들 사이의 다툼, 하루에 여섯 번에서 여덟 번에 이르는 그 싸움은 권력을 사이에 둔 다툼이다. 이와 같은 권력 역학을 통해 형제들은 오랜 시간에 거쳐 자기 정체성을 만들어 나간다. 만약 우리가 손위라면 우리는 권력 지향적이며 (그리고 거기에 천착하며) 현 상태를 고수하려는 (역사적으로 보더라도 그렇게 하는 것이 우리 같은 손위에게 유리하기 때문이다) 다소 보수적인 인간으로 자랄 가능성이 농후하다. 손아래일 경우 우리는 독재자처럼 구는 형들과 문제가 생기는 것이 싫어서 착한 척, 말 잘 듣는 척 눈치를 보게 된다. 그리하여 근본적 변화를 꿈꾸게 되고 그동안 자신을 억압했던 편견의 틀을 바꿔보려는 모험적 행위를 하게 된다. 괜히 과학에서의 혁명적 발견을 지지하고 자신도 한몫하고 싶어 한다. 그리고 프로야구 선수처럼 도루하고, 스탠드업 코미디언처럼 권력을 희화하고자 한다. 자기 정체성의 연원을 되짚어 가다 보면, 우리는 어린 시절 가족 안에서 작용했던 권력 역학에 다다를 것이다.

기복을 타는 연애 생활도 이와 같은 권력 역학의 양식 안에서 일어난다. 상대에게 느끼는 사랑의 감정은 둘 사이의 권력이 어떤 식으로 균형을 잡는가에 따라 다르다. 다른 연인들에 비해 좀 더 평등한 관계를 유지하고 골고루 권력을 나눠 가진 연인들은 좀 더 깊은 사랑의 감정과 신뢰를 느끼며 만족한다. 하지만 이성애 관계에서 남자 쪽에 권력이 더 있다고 느낄 경우, 여자는 오르가즘을 잘 느끼지 못할 수 있다. 섹스에 별 흥미도 느끼지 못하고 질액이 잘 분비되지 않는다. 그리고 이성애 관계에서 남자가 실직을 한다든가 경제적 형편이 안 좋아져서 여자 쪽에 권력이 더 있다고 느낄 경우, 남자는 조루나 발기부전을 겪을 가능성이 높아진다. 성욕이 권력과 무관하지 않듯 사랑이라는 낭만적 감정 또한 그와 무관하지 않다.

오래전부터 학자들은 동질감, 평등, 호혜와 같은 것으로 우정을 정의할 수 있다고 했다. 분명히 맞는 말이다. 하지만 그와 동시에 권력 역학의 영향을 받는 사회연결망에서 맺어지는 우정도 있다. 유년의 우정 문제를 다룬 한 연구에 따르면, 많은 친구들에게 둘러싸인 아이는 권력이 가진 여러 특권을 누린다고 한다. 예를 들어 생일 파티나 부모가 허락한 아이들의 모임에 더 많이 초대되고, 또래로부터 인정을 받는다. 친구가 많지 않은 아이는 자신은 무력하다는 마음의 상처를 더 많이 받는데, 그런 나머지 따돌림이나 창피와 굴욕을 당하거나 욱하는 마음에 사고를 칠 가능성도 더 높다.

부모가 생떼쟁이 네 살 아이를 다루는 방식에서부터 십대 청소년이 약물을 하지 말라는 부모의 말을 대하는 방식에 이르기까지, 부모자식 관계에도 아주 다양한 방식으로 권력이 끼어든다. 다음의 사진은 우리 가족이 자이온 국립공원의 수려한 계곡을 자전거로 10킬로미터 정도 하이킹을 할 때 찍은 것이다. 그 무렵 각각 열 살, 여덟 살이었던 나의 두 딸, 나탈리와 세라피나에게 나는 1킬로미터 정도 갈 때마다 엠앤엠즈 초콜릿을 주었다. 그렇게 하면 응분의 보상이 되리라고 내 안의 심리학자는 생각했던 것 같다. 전체 여정에서 반 정도 갔을 때 나는 그런 방향으로 자꾸 잔머리를 쓰게 되었고, 아이들은

잿밥에만 관심을 두게 되었다. 이에 나는 아이들이 열심히 자전거를 탔다고 해서 초콜릿을 주지는 않겠다고 선언했다. 그러자 사진에서 보는 것처럼 아이들은 자전거에 올라탄 채로 낙심한 표정을 지으며 항의했다. 나는 잠깐의 지체도 없이 호주머니를 뒤져 엠앤엠즈를 듬뿍 내주고 말았다.

우리가 어떤 부모냐 하는 것은 권력에 대한 태도에서 나뉜다. 원리원칙이 없는 부모보다, 강압적이고 엄격한 위계를 따지는 부모보다 그리고 고지식하게 고압적 위치에서 명령하듯 말하는 부모보다 말로 권위를 잡아가면서도 아이들로 하여금 할 말을 하게 하고 독립적인 태도를 갖게 하는 부모가 여러모로 뛰어난 자식을 두기 마련이다.

권력이란 중역 회의실이나 전쟁터 또는 국회의사당 같은 곳에만 존재하는 게 아니다. 놀이터, 침실, 식탁, 사무실, 술집 같은 곳에서도 얼마든지 정치가 존재한다. 권력을 다른 사람의 상태를 바꾸는 것으로 정의한다면, 왜 그리고 어떻게 그것이 모든 종류의 사회적 상호작용에 깃들어 있는가를 이해하는 데 도움이 될 것이다.

권력은 일상 행위에서 찾아볼 수 있다

—

오랫동안 사회심리학자들은 '누가 권력을 잡는가' 라는 주제로 연구할 때, "주도자 없는 집단 토론 패러다임"을 사용했다. 서로 모르는 사람들을 한데 모아놓고 어떤 사안을 함께 해결해 보라고 시키는 것이다. 예를 들어, 다양한 지원자 가운데 한 명의 직원을 뽑게 하거나, 많은 돈을 나눠 갖게 하거나 또는 손전등, 거울, 칼, 물통과 같이 사막에서 일주일 동안 버티는 데 가장 필요한 물건들의 순위를 매기도록 한다. 역할을 따로 부여하지 않고 안내도 해주지 않는다. 참가자들은 각자 알아서 토론에 참석하고 결론을 이끌어내야 한다. 그리고 이 모든 과정을 영상에 담는다.

이 과정에서 곧바로 권력을 쥐는 참가자들이 나타난다. 밖에서 이 과정을 영상으로 보는 사람들도 바로 권력을 가진 이와 그렇지 못한 이를 가늠할 수 있다. 영향을 주고받는 다양한 형태 아래 사람들이 분류되는데, 이는 누가 봐도 알 수 있다. 사람들이 상호작용을 하는 순간 바로 권력의 양상이 드러나기 마련이다. 아이들끼리의 상호작용에서도 마찬가지다. 열 살에서 열두 살 정도 되는 남자아이들이 여름 야영 생활을 할 때,

단 하루만에 권력을 쥐는 아이들이 나오며 그들만의 공동체 역학이 형성된다. 다섯 살쯤 되는 아이들도 유치원에 가면 학기가 시작되자마자 누가 영향력이 있고 없는지를 알아차린다. 더 어린 두 살배기 아이들도 마찬가지다. 유아원 아이들 중에 더 많은 관심을 받으며, 놀이를 주도하고, 아이들에게 인기 있는 자전거나 타이어 그네를 제맘대로 타는 아이가 나온다.

권력은 일찌감치 제 모습을 드러내기 마련이다. 주도자 없는 집단 토론 패러다임은 바로 그 점을 보여준다. 먼저 운을 떼고, 해결책을 제시하고, 의견을 제일 먼저 개진하고 그리고 과감한 제안이나 질문을 하고 재치 있는 지적을 함으로써 경직된 분위기를 흔들어 창의적인 의견을 내게 하는 일상의 소소한 행위만으로도 사람들은 권력을 획득할 수 있다.

사람들을 한데 결속하고 모두에게 최선의 이익을 가져다주는 단순한 행위 속에도 권력은 깃들어 있는 것이다. 세상에 기여하는 것은 일상에 달렸다. 제대로 된 질문을 던지고, 사람들의 용기를 북돋고, 낯가리는 사람들을 이어주고, 신선한 아이디어를 제시하는 이런 일상적 행위에 달렸다. 놀랍게도 권력은 사회적 삶의 일상적 행위에서도 찾아볼 수 있는 것이다. 권력 역설에 빠지지 않기 위해 명심할 것은, 단순하지만 다른 사람에게 도움이 되는 일을 함으로써 권력을 유지할 수 있다는 사실이다.

권력이 일상적 행위와 한데 엮여 있다는 사실을 안다면 권력이 항구적이지 않은 이유를 이해할 수 있다. 내가 미칠 수 있는 영향력이란 우리가 어떻게 행동하느냐에 따라 늘 유동적이기 때문이다. 사람이 가진 권력은 상황에 따라 변한다. 회사에서는 팀을 이끌며 자신에게 권력이 있다고 느끼는 여성이 집에 와서는 반항적인 사춘기 아이와 실랑이하면서 상대적 무력감을 느낄 때처럼 말이다. 동일한 상황인데도 시간의 흐름에 따라 변화하기도 한다. 같은 회사 안에서도 하루는 자신에게 영향력이 있음을 느끼며 자신감에 차다가도, 또 어떤 날은 그렇지 않다.

영장류와 수렵 채집인에 대한 연구를 보면 다음과 같은 세 번째 원리에 대한 증거를 찾아볼 수 있다. 즉 권력은 맥락 특이성을 띠며 항상 유동적이고, 그 상황에 딱 떨어지는 특정한 행위에 좌우된다. 고릴라나 침팬지 같은 전제적인 동물은 무리의 다른 동물을 거느릴 때 위협과 강압을 일삼지만, 그들의 위계—다시 말해, 영향력과 사회 자원을 누릴 권리—는 우두머리 수컷과 암컷 그리고 경쟁자들 사이에서 거의 매일같이 하루에도 몇 번씩 타협하고 결정된다. 위계가 좀 더 확고한 종에서도 위계는 상황에 따라 유동적이다. 뉴기니, 알라스카, 아마존, 아프리카 등지에 사는 수렵 채집인을 연구한 인류학자들에 따르면, 아예 없지는 않겠으나, 우두머리가 단 한 명인 경우는 찾아보기 어렵다고 했다. 대신, 상황에 따라 권력을 가진 이가 바뀌었다. 공동체의 필요에 부응하는 특정한 행위를 수행할 수 있는가에 따라 바뀌었다. 한 개인의 영향력—권력—은 집단의 이익을 증진할 수 있는, 맥락 특이성을 띤 일상의 행위 속에 존재한다.

권력은 사회연결망 안의 타인에게
권력을 부여하는 데서 비롯한다
—

찰스 다윈은 《종의 기원》으로 세상에 변화를 가져왔는데, 그가 내세운 대부분의 근거는 그가 만들어낸 연결망에서 유래했다. 그는 자신에게 도움을 줄 수 있는 사람들에게 매년 1500통의 편지를 정성스레 썼는데, 이는 하루에 네 통 꼴이었다. 그가 편지를 쓴 대상에는 오지에서 활동하는 선교사, 안면 근육계를 연구하는 프랑스의 신경학자, 환자가 홍조를 띠는 상황에 대해 보고서를 작성한 의사, 모피 무역업자, 정원사, 동물원지기, 비둘기 애호가 등이 있었다. 다윈의 저술은 사회 각계각층 여러 사람의 아이디어를 모은 것이었다.

영향력을 미칠 수 있는 한 개인의 행위는 여러 사람의 생각을 모은 것, 다시 말해 사회연결망의 행위라는 사실을 알 수 있을 것이다. 오늘날, 어떤 일을 한다는 것은 연결망에 기반을 둔 협업에 가깝다. 다윈은 지금으로부터 한 세기 반 전, 이미 그 점에서 남달랐다. 미국 노동 인력의 반이 팀 작업을 하고 있다. 지난 50년 동안 발표된 1천 900만 건이 넘는 과학 논문을 검토한 결과 그 사이 논문 저자의 수는 두 배로 증가했음을 알 수 있었다. 특허도 마찬가지다. 영향력 있는 혁신적 행위도 협업의 결과물이었다. 이제 우리는 네 번째 원리에 이르렀다. 즉 권력은 사회연결망 속에 배분돼 있으며 타인에게 권력을 부여하는 데서 찾아볼 수 있다.

이 점에 대해 철학자 한나 아렌트만큼 지당한 얘기를 한 사람은 없다. 1930년대 초에 베를린에서 살았던 아렌트는 나치주의 발흥에 적극적으로 맞서 싸웠다. 나친 친위대에 체포되어 심문을 당했다가 풀려난 그녀는 바로 독일을 떠났다. 일찌

감치 스탈린주의를 비판하고 이스라엘과 팔레스타인에 동등한 위상을 부여해야 한다고 주장했던 그녀는 〈뉴요커〉에 기고한 글로 명성을 얻었다. 기고에서 그녀는 나치의 두뇌라 할 수 있는 아돌프 아이히만이 모두가 상상했던 것처럼 가학적 사이코패스가 아니라, 문서 결재나 하던 히틀러 체제의 관료에 불과하다는 주장을 폈다. 나치 제국의 권력은 사악한 개개인에게 놓여 있었던 것이 아니라 맹목적으로 권력을 지향하는 사회체제의 연결망 안에 널리 분포돼 있었다는 것이다.

《전체주의의 기원》에서 아렌트는 노예제, 전체주의 국가, 유대인 대학살의 차이를 자세히 논한다. 그리고 강제력에 기초한 억압적인 위계질서가 세상을 바꿀 수 있는 개개인의 능력과 권력을 어떤 식으로 박탈하는지를 보여준다. 이와 같은 논지를 전개하면서 그는 권력을 개념화했다.

> 권력이란 단순히 행동에 옮길 수 있는 능력이 아니라 다른 이와 더불어서 행동에 옮길 수 있는 능력을 말한다. 권력은 결코 개인의 속성이 아니다. 그것은 공동체의 속성이며 그 공동체가 유지되는 한에서 존재하는 것이다. 누군가를 가리켜 그에게 "권력이 있다"라고 할 때 우리가 의미하는 바는, 그가 다수의 이름

으로 행동할 수 있는 권한을 그 다수의 사람들로부터 부여받았다는 것이다.

다른 글에서 아렌트는 권력이란 "타인들로 하여금 공동체적 행동을 하도록 만드는" 능력이라고 썼다. 프랑스 철학자 미셸 푸코도 이에 동의할 터인데, 그 역시 권력이란 "그물망 같은 조직 내에서 채택되어 사용되는 것"이라고 주장했기 때문이다. 다른 사람들에게 영향을 끼칠 수 있는 능력은 사람들이 얽히고설킨 연결망에 좌우된다. 이는 오늘날 기준(미국 평균)으로 300명쯤 되는 페이스북 친구, 1200명쯤 되는 지인, 한데 몰려 다니는 예닐곱 명의 친구 그리고 가족을 가리킨다. 그들이 다른 이에게 영향을 미치면 또 그만큼 다른 이들이 또 다른 이들에게 영향을 미치며, 이런 관계는 계속 이어진다.

권력은 사회연결망 내의 다른 사람에게 영향을 미치는 능력에 내재한다는 아렌트의 논지는 그 연원이 깊다. 인류는 수십 명의 작은 무리에서부터 시작되었다. 우리는 중앙집권식의 움막 주거지에서 음식을 만들어 먹고 즐기며 때로 다툼도 벌이고 애도 낳아 기르면서 서로 껴안겨 잠을 잤다. 그리고 평소 무리를 지어 돌아다니다 다른 이를 도와줘야 할 일이 있으면 그들을 돕고 아이들을 돌봤다. 우리 소화 체계가 고단백 육류에 길들여지게 된 것은 대형 사냥감을 힘을 합쳐 사냥한 것과 관련이 있다. 이런 식의 사냥은 영장류 세계에선 드문 일이었다. 우리는 진화 계보에서 갈라져 나간 다른 인류에 대항하여 함께 힘을 합쳐 싸우며 스스로를 지켰다. 뇌는 큰데 너무나 취약한 우리의 아기들을 보호하기 위해 우리는 협력의 연결망을 만들었다. 즉 우리 인간은 진화 과정에서 생존과 출산과 관련된 중요한 문제를 사회연결망의 협력으로 해결했던 것이다. 오늘날에도 목적의식을 갖춘 효과적 행위를 하기 위해서는 사회적 협력이 필요한데, 그런 사회적 협력을 끌어낼 수 있는 한에서 개인에게 권력이 주어진다.

만약 사회연결망 안에 권력이 존재한다면, 그 권력은 우리가 다른 사람에게 얼마만큼 잘 권력을 부여하는가에 놓여있다. 다른 사람이 잘한 일을 인정하고, 격려의 말이나 감사의 눈짓을 건네고, 책임감과 더불어 지원과 기회를 아끼지 않는, 영향력 있는 일상적 행위를 통해 우리는 다른 이에게 권력을 부여한다. 사회연결망 내의 다른 이에게 힘을 실어주는 행위 속에 권력이 존재한다는 사실은 권력 역설의 문제를 해결할 하나의 실마리다. 데스몬드 투투 주교도 같은 생각이다. 남아프리카공화국의 인종차별 정책을 폐지하는 데 어떤 식으로 조력했는지를 묻는 질문에 그는 이렇게 답했다. 그것은 수많은 개인들의 소소한 행위들이 빚어낸 결과라고.

사회연결망 속에서 벌어지는 일상적 행위는 사람들에게 영향을 미치고 사회적 변화를 도모하는 촉매가 될 수 있다. 만약 당신이 육류 섭취를 줄이는 방향으로 식단을 바꾸면, 당신 주변도 그렇게 될 가능성이 높다. 당신이 자선 행위를 하면 같이 일하는 동료도 그렇게 할 가능성이 높다. 그리고 당신이 참정권을 행사하고 그에 대해 친구들과 대화를 나눈다면, 그들도 참정권을 행사할 가능성이 높다. 이처럼 행위는 전염성을 띤다. 만약 당신이 다른 사람에게 무언가를 나눠주면, 이후 그 사람은 당신과 관련이 없는 전혀 낯선 타인에게 19% 이상 더 관대해진다. 그리고 다시 그 낯선 타인은 당신과 두 단계 더 멀어진 또 다른 낯선 이와의 관계에서 7% 이상 더 관대한 모습을 보인다. 당신이 자신의 행복을 증진시키기 위해 무언가를 하면, 당신 친구의 행복뿐만 아니라 당신 친구의 친구, 즉 당신과 일면식조차 없는 누군가의 기분마저 북돋는 셈이다. 권력은 사회연결망 안에서 타인에게 권력을 부여하는 데서 찾아볼 수 있다.

| 권력 역설의 기원 |

이 장에서 우리는 권력이란 무엇인가를 밝혀줄 네 가지 원리를 살펴보았다. 권력은 타인의 상태를 바꿔놓는 것이다. 권력은 모든 사회적 관계 안에 존재하는 상호작용에 스며들어 있다. 권력은 일상적 행위에 따라 끝없이 생겨나고 변화한다. 권력은 사회연결망 내에 널리 분포돼 있으며 다른 사람에게 권력을 부여하는 데서 찾아볼 수 있다.

권력을 갖는다는 것, 즉 영향력을 미칠 수 있다는 것은 기분 좋은 일인데, 그 기분은 좀 특별하다. 뿌듯하다든가, 평온하다든가, 또는 황홀하다든가 하는 기분은 아니다. 그보다 열정과 영감과 기대감을 수반하는 것으로 뇌에서 도파민이 분비되는 그런 기쁨이다. 권력에서 비롯하는 이런 기분 때문에 우리는 권력을 갈구하고, 기꺼이 그 권력으로 세상에 기여하고자 한다. 그러나 권력이 가져다주는 그 지고의 희열감을 주의해야 한다. 도파민 분비 상태와 권력을 가졌다는 느낌은 코카인 같은 약물에 중독되어 한바탕 광기가 휘몰아치는 상태와 아주 비슷하다. 이 두 상태는 충동적이며, 비도덕적인 행위를 유발하고 자기망상적인 사고에 빠지게 한다. 더할 나위 없다는 기분—영향을 미치고 세상을 바꿀 수 있다는 데서 비롯하는 그 기분—은 순간 과도한 상태에 빠질 수 있다. 이처럼 권력 역설은 늘 가까이 도사린다.

TWO

권력은
쟁취하는 게 아니라
주어지는 것이다

권력은
쟁취하는 게
아니라
주어지는
것이다

나는 《파리 대왕》을 열다섯 살 때 처음 읽었고, 그때 우리 가족은 영국 노팅엄에서 안식년 휴가를 보내고 있었다. 내게 노팅엄은 로빈후드와 D. H. 로렌스가 존재하는 안개 자욱한 땅이었다. 난파된 배에서 살아남은 소년들이 타락해가는 과정, 얼굴에 칠을 하고, 노래를 부르며, 친구를 고문하고, 피에 굶주린 상태가 되는 과정을 그린 윌리엄 골딩의 이야기는 그 무렵 경기 침체로 수렁에 빠진 영국을 묘사한 듯했다. 학생들끼리 서로 괴롭히는 일이 공공연히 벌어졌고 선생들은 훌리건을 대놓고 흉봤으며, 열다섯 살 먹은 아이들이 펍에서 술을 마셨다. 그리고 학교 무도회에서는 펑크족 아이들과 테디 보이 아이들이 패싸움을 벌였다.

한마디로 《파리 대왕》은 약 800년 전에 철학자 토머스 아퀴나스가 처음 묘사한 바 있는 "자연 상태 실험"이라는 사고실험이었다. 이 실험은 다음과 같은 질문을 던진다. 문명을 제거한 자연 상태에 사람들을 집어 넣어 마음껏 행동하게 두면 어떤 일이 벌어질까? 골딩의 표현에 따르면 "부모, 학교, 경찰, 법의 울타리"가 없는 상황일 때, 사람들은 어떻게 할 것인가? 이와 같은 사고실험을 전제로 묻는 질문에 많은 사람들은 인간 본성에 관한 마키아벨리식 관점에서 답했다. 즉 사회제도와 사회적 구속이 부재한다면, 인간은 아주 비열하고 폭력적인 성향을 드러낸다는 것이다.

《파리 대왕》은 선거 이야기로 시작된다. 소년들은 다른 아이들의 존경을 받고 차분하며 체격도 좋은 랠프와, 사냥 도구, 먹거리, 부족 표시에 집착하며 섬의 돼지들을 죽이는 잭, 이 둘 가운데 한 명을 선택해야 한다. 첫 투표에서 소년들은 랠프를 뽑고, 그들은 민주적 토론, 규칙, 일과표, 당번 활동 등을 통해 사회를 꾸려나가기 시작한다. 그러나 잭이 권력을 잡는 것은 시간문제였다. 그는 얼굴에 칠을 하는 것으로 어린 소년들을 자기 편으로 만든다. 그는 위압적인 거친 행동과 근처 숲에 정체를 알 수 없는 괴물이 있다는 무서운 이야기로 어린 소년들을 휘어잡는다. 이 책의 대단원에서 잭과 그의 부족은 야만적인 함성을 지르며 랠프를 사냥감 쫓듯 쫓는다.

자연 상태에 관한 사고실험은 인간 본성에 관한 논의에서 중요한 역할을 한다. 도덕과 사회 규약을 빼버리면, 인간의 행동을 이끄는 본능은 어떤 것일까? 가장 중요한 법칙은 어떤 것이 될까? 어떤 원리에 기대서 가진 것을 나눌 수 있을까? 무리가 지어지면 누가 권력을 잡게 될까? 마지막 질문의 경우, 많은 사람들이 단호하면서 위압적이고 거친 이가 동료로부터 존경을 받는 가운데 권력을 쥔다고 생각한다. 그런데 이런 생각은 이제 우리가 곧 살펴볼 새로운 권력학에선 그리 맞아 떨어지지 않는다.

지난 20년간, 나는 공동체 안에서 권력이 어떻게 배분되는지를 알기 위해 자연 상태 실험을 수행해왔다. 나는 대학 기숙사와 어린이 여름 캠프를 비공식적으로 찾아가 누가 권력을 잡는지를 관찰했다. 여학생 클럽과 남학생 클럽을 통째로 실험실로 옮겨 와 사회연결망 안에서 개인의 평판이 얼마만큼 어느 정도의 범위로 퍼지는가를 확인하기도 했다. 그 공동체에서 누가 소문의 대상이 되며, 그 소문은 누구에게 전달되는지를 은밀히 파악했다. 나는 이 연구를 통해 밝혀낸 사실을 바탕으로 이 장을 구성했다. 마키아벨리는 개인이 권모술수를 동원해 위압적인 힘으로 상대를 약화시키면서 권력을 쟁취한다는 관점에서 권력 문제에 접근했지만, 새로운 권력학에 따르면 권력은 쟁취하는 것이 아니라 공동체가 개인에게 부여하는 것이었다.

이는 내가 세상을 바꿀 수 있다면 그 능력은 다른 사람들이 나를 어떻게 생각하느냐에 달렸다는 의미다. 내가 다른 사람의 상태를 바꾼다는 것은 그들이 나를 신뢰하는 정도에 달렸다. 그리고 내가 다른 이에게 권력을 부여한다는 것은 그들이 나의 영향력을 기꺼이 받아들이느냐에 달렸다. 결국 나의 권력은 타인이 어떻게 생각하고 어떻게 행동하느냐에 달린 것이다. 이런 관점에서 우리는 다음의 네 가지 원리을 이끌어낼 수 있다.

자연 상태 실험을 여러 차례 수행한 결과, 위압과 폭력으로 다른 소년들에게 겁을 주는 잭의 전략은 일반적인 게 아니었다. 그보다 공동체는 구성원 각자에게 최선의 이익을 안겨주면서 피해는 최대한 덜어줄 사람, 즉 최대 선(善)을 증진시키는 개인에게 권력을 부여하려는 경향이 있었다.(원리 5) 권력 음용을 가능한 막고자 공동체는 평판을 조성하는 방식으로 특정인에게 영향력을 부여하는데, 이때 평판은 그 사람이 공동체의 최대 선에 얼마만큼 기여했는가에 좌우된다.(원리 6) 공동체는 최대 선에 기여한 이에게 걸맞은 위상과 명예를 안겨줌으로써 보상한다.(원리 7) 그리고 한 개인이 공동체의 안녕에 직결된 최대 선을 해하는 행동을 하면, 공동체는 그 개인의 영향력을 상쇄하기 위해 평판에 흠집을 내고 뒷말을 한다.(원리 8)

권력은 쟁취하는 게 아니라 주어지는 것이다

원리 05__ 공동체는 최대 선을 증진시키는 사람에게 권력을 부여한다.

원리 06__ 공동체는 영향력을 좌우할 평판을 조성한다.

원리 07__ 공동체는 최대 선을 증진시키는 사람을 위상과 명예로 보상한다.

원리 08__ 공동체는 최대 선을 저해한 사람을 뒷말로 벌한다.

이 네 원리는 최대 선이라는 개념에 초점을 맞추고 있다. 이런 생각은 18세기 철학 사조인 공리주의에서 비롯했다. 프랜시스 허치슨, 제레미 벤덤, 존 스튜어트 밀과 같은 공리주의 철학자들은 이로운 행위의 척도를 세우고 계량화했다. 그들의 해법에 따르면 행위는 그것이 최대 선을 도모할 때 선이다. 이때 최대 선이라는 것은 오늘날 기준으로 보면 사회연결망 안에 있는 모든 이의 이익을 말하거나 좀 더 넓은 의미에서 사회적 신뢰 또는 사회적 역량을 의미한다. 허치슨은 이렇게 표현하기

도 한다.

"그러한 행위는 최대 다수의 최대 행복을 이끌어낼 수 있는 최선의 것이다. 같은 논리로 최악의 행위는 고통을 야기한다."

한 개인의 행위, 좀 더 일반적으로 말해 개인의 성격에 대해 "최대 선"이 어느 정도 되는지 그 점수를 매길 수 있다. 즉 다른 사람을 이롭게 하고 해를 입히지 않은 것에 대해 점수를 매길 수 있다는 것이다. 물론 개인의 행위와 성격에 점수를 매기는 것은 간단한 일이 아니다. 그와 관련된 판단을 내리기 위해서는 개인의 의도를 추론할 수 있어야 하는데, 일상적으로 인간은 선한 의도를 갖고 행동하더라도 그로 인해 많은 피해를 낳을 수도 있기 때문이다. 이는 재정자문가가 좋은 투자라며 고객에게 투자를 권했는데, 끝내 잘못된 투자가 되는 경우와 비슷하다. 어떤 행위가 이익을 가져올지 또는 불이익을 가져올지 그 판단을 내리기 위해서는 단기적 차원과 장기적 차원에서 그 결과를 살펴야 한다. 예를 들어, 영국에서 토머스 클락슨이 노예제도의 잔혹성을 폭로했을 때, 처음엔 불편해하는 사람들이 있었지만, 어느 정도 시간이 흐르면서 그의 행동은 다수의 행복을 증진시키는 움직임에 불을 지핀 셈이 되었다.

이렇게 복잡함에도 불구하고 사람들은 다수에게 이익이 될지 또는 불이익이 될지 판단하는 데 매우 예민한 감각을 갖고 있다. 최대 선의 점수가 높은 사람은 많은 사람의 이익을 도모하고 해를 덜 끼친 사람이다. 예를 들면, 자선 행위를 하는 사람, 영국에서 노예제도가 폐지될 수 있는 단초를 제공한 클락슨 같은 사람, 지역에서 재활용 운동을 펼치는 할머니, 따돌림당하는 또래 친구를 위로하는 어린아이, 역량을 잘 쏟아부어 회사의 목표치와 수익을 향상시키는 관리자 등이 그렇다. 이와 반대로 증오 연설을 하고, 다른 사람의 치부를 담은 동영상을 인터넷에 올리고, 학교에서 총기 난사를 벌이며, 뻔히 알면서도 많은 사람이 애써 모은 돈을 날릴 수 있는 위험한 금융상품을 만들어내는 행위는 많은 이에게 해를 끼치는, 이로울 게 거의 없는 행위로, 이런 행위를 하는 사람은 최대 선의 점수가 낮다.

개개인들이 최대 선을 도모하는 점수가 높을 때, 그런 개인들로 이루어진 공동체는 훨씬 더 바람직한 모습을 띤다. 그러한 행위는 집단 구성원들 간의 신뢰도를 높이고 탄탄한 협력 관계를 가능케 한다. 그리하여 그 집단은 더 효과적인 행동을 할 여지가 생기며 경쟁적 우위를 점할 수 있게 된다. 권력을 가진 사람이 최대 선을 도모하는 방향으로 행동한다면, 소규모 집단(학교 친구들, 회사의 부서나 위원회, 팀, 이웃 등)이든, 대규모 집단(정당, 실천 단체, 온라인 커뮤니티, 정부, 국가 등)이든 간에 그의 영향력 안에 있는 집단은 더욱더 발전할 것이다. 어떤 집단이든 그 안의 개별 구성원들이 최대 선을 증진시키려는 행동을 할 경우, 그 집단은 잘 될 수밖에 없다.

여기서 더 놀라운 것은 최대 선 증진이 사회 집단 내 권력 배분에서 매우 중요한 역할을 한다는 사실이다. 사실, 사회 집단의 주요 관심은 개개인에게 권력을 부여하는 데 있다. 공동체는《파리대왕》의 잭과 같은 마키아벨리식 강압적 인물을 경계한다. 그 이유는 간단하다. 그런 인물을 그냥 뒀다가는 공동체가 원활히 돌아갈 수 없기 때문이다. 공동체는 권력 남용에 민감한데, 사람들이 권력을 잡으면 쉬 제 잇속을 차리려 하고, 때로 거리낌없이 자기 이익을 위해 남을 짓밟으려 한다는 것을 잘 안다. 우리가 이 장에서 살펴볼 여러 사회적 실천들은 최대 선을 훼손하는 이들에게 맞춰진 것이다.

계몽주의 시대 공리주의 철학자들은 행복과 선한 삶을 설명하고자 최대 선이라는 개념을 만들어냈다. 그러나 인간은 이보다 더 오래전부터 최대 선의 문제를 고민해왔으며, 이 개념은 권력 배분의 역학을 이해하는 데 도움이 될 것이다.

공동체는 최대 선을 증진시키는 사람에게 권력을 부여한다

—

《파리대왕》에서 보듯 자연 상태에 관한 사고실험은 이론적으로야 흥미롭지만, 과학적으로 그것을 규명하기란 쉬운 일이 아니다. 우리가 어떤 상황—처음 유치원에 나가고, 대학에 가서 친구를 사귀고, 회사에 입사하고, 페이스북에서 친구를 맺는—에 발을 들여놓을 때, 이미 우리는 특정 사회 계급, 특정 동네, 특정 가계의 집안, 특정 인종에 속한 상태이기 때문이다. 아무튼 규모가 큰 공립대학교 기숙사 홀은 이런 실험에 알맞다. 십대 후반은 청소년들이 자신의 권력을 자각하는 성장기다. 사회 계급을 보면 그들이 어떤 사교 모임에 들어갈 수 있을지 그리고 그들이 어떤 성생활을 즐기고 갈망할지, 그에 대해 많은 것을 알 수 있다. 표준화된 조건—세 평 남짓한 방, 공동 주소, 대량 생산된 구내 식당 음식—을 가진 기숙사 생활은 이웃과 생활양식 그리고 사는 동네에서 유래하는 계급 격차를 줄여주기는 한다.

20여 년 전, 이런 점들을 염두에 둔 나는 매디슨 소재 위스콘신 대학의 1학년 기숙사에 드나들 수 있는 허가를 어렵게 얻었다. 부유한 집 학생, 중산층 집 학생, 가난한 집 학생들이 고루 있었는데, 그들은 곧 미국의 부와 계급 분포를 보여주는 표본이었다. 나의 계획은 자연 상태 실험을 수행하고 누가 권력을 잡는지 그 보고서를 만드는 것이었다.

학기 초, 기숙사를 방문해서 학생들에게 각각의 학생들이 기숙사 전체 분위기에 얼마만큼의 "영향력"을 발휘하는지 적어보라고 했다. 그리고 자신의 성격을 이른바 빅 파이브라고 하는 다섯 가지 사회적 성향—세상을 살면서 취하는 다섯 가지 일반적 행동 방식— 가운데 어디에 속하는지를 묻는 설문 조사도 했다. 아래 표는 빅 파이브를 열정, 너그러움, 집중력, 평정심, 열린 마음이라는 일상적 표현으로 나열하고, 그것들을 최대 선을 증진시키거나 약화시키는 행위와 결부 지은 것이다.

빅 파이브: 다섯 가지 사회적 성향과 그것이 최대 선에 미치는 영향

나는 네 달 뒤 그리고 아홉 달 뒤에 다시 찾아가 실험 참가 학생들에게 기숙사 친구들이 어느 정도의 권력을 갖고 있는지 물었다. 기숙사 학생 한 사람 한 사람에 대해 다른 친구들이 매긴 그들의 권력에 대한 평가를 학기 초와 중간 그리고 말에 조사해 기록했다. 그 결과 권력이 특정 학생들에게 아주 빨리 집

사회적 성향	최대 선 점수가 높은 행위	최대 선 점수가 낮은 행위
열정	다른 이를 먼저 찾아간다	사회적 교류를 피한다
너그러움	돕고 나누고 내준다	자기 이익을 위해 남을 이용하다
집중력	공유 목표와 원리에 집중한다	공유 목표와 원리를 무시한다
평정심	차분하고 균형감을 갖추다	불만이 많고 방어적이다
열린 마음	다른 사람의 생각과 감정에 귀를 기울인다	다른 사람의 의견을 무시한다

중되는 것으로 나타났다. 학기가 시작된 지 2주째가 되자 이미 몇몇 학생들이 다른 학생들보다 더 많은 권력을 지니는 것으로 나타났다. 그리고 그 권력은 유동적이어서 다른 학생들의 눈에 비친 학생들의 권력 순위는 학기 내내 출렁였다.

누가 권력을 잡았을까? 공동체는 누구에게 권력을 부여했을까?(원리 5) 그리고 누가 가장 호의적인 평판을 얻었을까?(원리 6과 7) 우리는 '착한 이는 늘 뒤처진다', '출세하려면 남을 밟고 서야 한다', '권력을 얻으려면 적뿐만 아니라 같은 편마저 냉혹하게 제거해야 한다' 처럼 문화적으로 뿌리가 깊은 편견을 지니고 있다. 하지만 그 무엇도 진실이 아니다. 나의 실험에 따르면 대학 생활 첫 주에 기숙사에서 누가 가장 영향력이 있고, 그 영향력이 학년 내내 유지될 수 있었는가를 가장 잘 보여주는 예측 변수는 바로 열정이었다. 학생들 사이의 권력 문제에서 너그러움, 집중력, 평정심, 열린 마음과 같은 다른 빅 파이브 요소도 주요 변수였다.

계속해서 이와 유사한 결과를 밴더빌트 여학생 기숙사, 위스콘신 남학생 기숙사, 버클리 기숙사에서뿐만 아니라 여름 야구 캠프에서도 찾아볼 수 있었다. 하지만 전적으로 미국 대학에서 진행한 연구는 지나치게 제한적일 수밖에 없었다. 대학 생활의 자유로움과 고등교육의 특권을 만끽하는, 중산층과 상류층 집안의 미국 대학생들은 인간적인 면이 부족했다. 그들에게서 받은 설문을 보면 상아탑 밖 세상에 대해 큰 관심이 없는 것 같았다.

다양한 영역에서 누가 권력을 잡는가에 대한 연구를 수행하고 있는 사회심리학자들이 있었다. 그들은 금융계, 의료계, 제조업계와 같은 영역에서 어떤 사람이 고위 관리자로 승진하는지 또는 누가 팀원을 잘 이끄는 사람인지에 대해 조사했다. 학교에서는 어떤 학생이 학생회 임원이 되는지, 학생들로부터 좋은 대표로 인정을 받는 학생은 누구인지 그리고 어떤 학생이 인기가 좋은지를 조사했다.(원리 6과 7) 군에서는 어떤 지원자가 장교로 임관이 되는지를 조사했다. 표본은 사회적 계급과 성 그리고 인종에 따라 다양했다. 아무튼 이 다양한 분야에서 수행된 70편의 연구를 종합해보면, 권력을 획득하는 이는 빅 파이브를 두루 갖춘 이였다.

공동체는 언제 우리에게 권력을 쥐어주는가. 우리가 열정적일 때다. 우리가 다른 사람의 이해관계를 우렁찬 목소리로 강단 있게 옹호할 때다. 우리는 언제 영향력을 가질 수 있는가. 우리가 너그러울 때다. 다른 사람의 말과 행동을 귀히 여기며 그것에 공감하고 같이할 때다. 우리는 언제 세상을 바꿀 수 있는가. 우리가 집중력을 잃지 않을 때다. 대의와 절차를 명확히 함으로써 사람들의 마음이 흔들리지 않도록 잡아줄 때다. 우리는 언제 권력 기반을 강화할 수 있는가. 평정심을 유지할 때다. 어려움에 처하면 사람들로 하여금 좀 더 멀리 볼 수 있도록 하고, 사람들이 불안해하면 그를 달래줄 이야기를 해주며 다정한 말을 건넬 때다. 우리는 언제 영향력을 증진시킬 수 있을까. 우리가 열린 마음일 때다. 질문다운 질문을 던지고, 상대의 말을 귀 기울여 들을 때다. 그리고 신나는 아이디어와 참신한 관점을 제시할 때다. 빅 파이브 개념은, 한나 아렌트의 표현을 빌리자면, "다른 사람들로 하여금 공동체적 행동을 하도록 만들어" 최대 선을 도모하는 다양한 방식을 가리킨다.

수렵 채집 사회에서도 공동체는 최대 선을 도모하는 사람에게 권력을 쥐어주었다. 48편의 관련 연구를 추린 결과, 권력 기반을 강화하기 위해서는 다음과 같이 해야 한다는 사실을 알 수 있었다. "관대한(다시 말해, 너그러운) 사람이어야 하며, 전투에 임하여 용맹스러워야 하며, 버티거나 전술적 판단을 내릴 때 현명해야 하며, 공동체 내 갈등을 적극적으로 해결해야 하며, 대중 연설을 잘해야 하며, 공정해야 하며, 치우침이 없어야(다시 말해, 열린 마음이어야) 하며, 신뢰할 수 있어야(집중력이 있어야) 하며, 임기응변 능력(평정심)이 있어야 하며, 도덕적으로 올곧아야 한다. 그리고 "강단"(열정)이 필요하지만 "겸허해야" 한다. 충분히 짐작할 수 있듯이 수렵 채집 공동체가 권력을 부여하는 대상은 갈등을 잘 조절하고 용기가 있는 사람이지만, 못지않게 중요한 것은 최대 선을 증진시키는 빅 파이브 요소들이다.

원리 5─"공동체는 최대 선을 증진시키는 개인에게 권력을 부여한다"─는 침팬지 같은 다른 영장류에게도 적용할 수 있다. 영장류 동물학자인 프란스 드 발은 박사 학위 과정을 마친 뒤 6개월 동안 네덜란드 아른험에 있는 왕립 뷔르거 동물원에서 침팬지 무리들을 관찰했다. 여기서 관찰한 내용들은 나중에 《침팬지 폴리틱스》라는 그의 저서에 포함되었다.

프란스 드 발이 연구를 시작한 초기에는 수컷 침팬지 예로엔이 무리의 우두머리로서 다른 침팬지보다 더 오랫동안 그루밍●을 받고, 좋은 음식을 먹고, 발정 난 암컷과도 마음대로 짝을 지었다. 그러다 루이트라는 덩치 크고 더 젊은 수컷이 등장하여 예로엔에게 도전을 하더니, 6개월 뒤에는 그를 제치고 우두머리 수컷이 되었다. 여기서 중요한 것은 루이트가 강압이나 폭력을 사용하지 않고 권력을 잡았다는 점이다. 관찰한 바에 따르면, 예로엔과 루이트가 서로 대립한 건 1000여 차례 이상 되지만, 그 가운데 치고받은 경우는 단 다섯 차례에 불과했다. 그보다 루이트가 권력을 잡을 수 있었던 이유는, 인간 사회에서와 마찬가지로 다른 침팬지들이 더 잘 지낼 수 있도록 해주었기 때문이다. 그는 다른 침팬지들에게 그루밍을 해주고 사회 자원을 나누며 그들을 아울렀다.(원리 5) 그는 자신에게 공동체를 평화롭게 만들 역량이 있다는 것을 입증했다.(원리 6) 이에 다른 침팬지들은 그에게 존경의 표시로 고개를 조아리며 순종

● 침팬지나 고릴라 등이 서로의 털을 골라주고 이를 잡아주는 행동을 가리킨다. ─옮긴이

의 미소를 지었다.(원리 7) 드 발은 이렇게 말했다.

"지도자는 질서를 유지해주는 대가로 공동체로부터 지지와 존경을 받는다."

인간이든 아니든 간에 영장류 사회를 보면, 공동체는 최대선을 증진시키는 이에게 권력을 부여한다. 이와 같은 기본 권력 역학을 통해 우리가 알 수 있는 것은 공동체를 이끌어 나갈 수 있는 개인은 단순히 허물이 없는 이가 아니라 열정, 너그러움, 집중력, 평정심, 열린 마음을 가지고 행동하고 그런 행동을 통해 공동체를 이롭게 할 수 있는 이다.

네덜란드 아른험 소재 왕립 뷔르거 동물원에서 프란스 드 발이 침팬지들을 관찰하고 있다.

니키가 예로엔에겐 복종의 예를 표하고 있다. 구부정한 자세, 낑낑거리는 소리, 얼굴 찡그림이 전형적인 복종의 예인데, 이런 행동을 통해 침팬지들은 우두머리 침팬지의 지위를 인정한다. 그리고 높은 자리에 있는 사람을 대하는 우리 인간의 태도를 보면, 침팬지들의 이런 행동들은 거의 선구자격인 셈이다.

예로엔이 루이트를 쫓아내고 있다. 권력이 약해질 때 예로엔이 좀 더 위협적인 행동을 하는 모습을 보여주는 사진인데, 눈여겨볼 필요가 있다.

공동체는 영향력을 좌우할 평판을 조성한다

—

미국 문학사에서 가장 유명한 글자를 든다면, 너새니얼 호손의 《주홍글자》에 나오는 'A'일 것이다. 헤스터 프린의 17세기 블라우스 옷에 새겨진 A라는 글자는 우리 뇌리에서 쉽게 사라지지 않는다. 카리스마 넘치는 젊은 목사 아서 딤스데일과 간통했음을 상기시키는 A였다. 간통은 당시로서는 비난받아 마땅한 행동이었고 사회적 지탄의 대상이었다. A라는 글자는 헤스터의 가슴 위에서 선명히 타올랐고 그녀의 마음은 부끄러움으로 붉어졌다. 그녀가 매사추세츠 세일럼의 거리를 돌아다닐 때, 사람들의 시선은 A라는 글자에 꽂혔다. 마을 사람들은 수군대거나 비아냥거렸으며 악의에 찬 억측을 했다.

《주홍글자》는 시대를 초월하여 보편적인 사회적 강박과 평판의 문제를 탐구한 작품이다. 이는 우리가 다음에 다룰 권력 원리 6에서 핵심이 되는 내용이다. 원리 6은 한 개인의 영향력은 공동체 내 평판에 좌우된다는 것이다. 평판이란 사회 공동체가 한 개인의 성격을 두고 내리는 판단이다. 본질적으로 평판은 성격, 신뢰, 진실성, 그리고 최대 선을 도모할 수 있는 능력에 관한 것이다.

헤스터 프린의 A는 그녀의 평판이 어떤지를 보여주며, 그것은 사실상 성적 평판이다. 그러나 성적 자유와 자기표현이 증대된 오늘날에 A라는 글자는 무엇을 의미할까? 이 문제의 답을 찾기 위해 나는 버클리 소재 캘리포니아 대학의 한 기숙사를 섭외했다. 가을 학기와 봄 학기, 두 차례에 걸쳐 학생들은 개별적으로 실험실을 찾아와 기숙사 친구들 가운데 임의의 두 친구가 가진 성격에 대해 말했다. 허심탄회하게 대화를 나누는 방식으로 실험은 진행되었다. 실험 참가자들이 다른 두 학생의 자기표현 문제나 순결 문제를 언급하는 경우는 극히 드물었다. 그보다 그들은 친구들이 다른 사람을 도와주려 하는지, 그리고 그 사람을 존중하는 마음으로 친절하게 대하는지에 관심이 있었다. 다시 말해 최대 선을 증진시키고자 행동하는지에 관심이 있었다. 같이 생활한 지 딱 일주일이 되자, 실험 참가자들은 누가 차갑고 이기적이고 배려심이 없고 신뢰감을 주지 않는지 이야기하기 시작했다. 기숙사에서의 영향력을 좌우할 평판을 내리기 시작했던 것이다.(원리 6)

대학 기숙사에서 평판 문제가 중요하듯 사회 일터에서도 마찬가지다. 직장에 있는 사람은 누가 썩은 사과인지 안다.

즉 조직의 화합을 저해한다는 평판을 가진 사람이 누구인지 안다. 썩은 사과는 몰상식하고 무례하며 남이 애써 한 일에 무임승차하는 사람이다. 불평도 많고 다툼도 잦고 틈만 나며 저속한 얘기를 꺼낸다. 이런 평판에는 응분의 대가가 따른다. 즉 권력의 토대를 마련할 길이 없으며 영향력을 얻을 수 있는 기회 또는 새로운 것을 해볼 기회를 얻기가 어렵게 된다.(원리 6)

역사적으로 볼 때, 최대 선을 저해하는 이들에게 내리는 처벌은 좀 원시적이었다. 17세기 독일에서는 마을 사람 가운데 공동체를 훼손하는 행위를 하는 사람이 있으면, 그 행위에 걸맞은 굴욕 가면Schandmaske을 씌웠다. 예를 들어, 과음, 폭식, 탐욕과 같은 상스러운 행동(우리가 4장에서 살펴볼, 소소한 형태의 권력 남용의 예)을 한 사람에게는 커다란 코가 달린 돼지 가면을 씌웠다. 이 굴욕 가면을 쓰고 마을을 배회하면 사람들은 야유와 조롱을 던졌고, 그는 그렇게 사회적 망신을 감수해야 했다.(원리 7과 원리 8)

누가 공동체 정신을 갖고 최대 선을 위해 행동할지 사람들은 순식간에 직관적으로 알아차린다. 이런 직관은 공동체 생활을 규정하고 개인의 평판을 좌우할 일상 대화에 반영된다.

예를 들어, 투자은행이나 재무 회계법인 같은 곳에서는 같이 도와가면서 일할 수 있는 동료인지 아니면 겉돌면서 제 이익만 챙길 사람인지, 그에 대한 평판이 쉽게 내려진다. 그리하여 새 프로젝트에 합류하면, 팀 동료들은 그를 직접 만나보기도

전에 이미 그의 평판을 알고 있다. 그런 평판은 한 해, 두 해 시간이 흘러도 동료들의 뇌리에서 사라지지 않고 그들과의 일상적 관계에도 영향을 미친다.

평판을 통해 공동체는 한 개인의 영향력을 규정하는데(원리 6), 여기엔 두 가지 방식이 있다. 첫째, 평판은 영향력을 미칠 기회를 제공한다. 연구에 따르면 만약 당신이 최대 선을 증진시키는 사람으로 평판이 나 있으면, 사람들은 당신에게 좀 더 많은 사회 자원을 제공하고자 한다는 것이다. 그들은 당신과 어울리며 친해지려고 할 것이며, 당신과 일하면서 실질적인 도움을 주고자 협력할 것이다. 반면, 이기적이고 제 이익만 챙긴다는 평판이 났다면, 사람들은 함께 새로운 것을 도모하는 흥미진진한 자리에 당신을 끼워주지 않을 것이다. 그런 사람은 사회연결망 안에서 주변부에 놓일 수밖에 없다. 이렇듯 평판은 영향력과 관련하여 증폭기 기능을 한다.

둘째, 평판이란 공동체가 개인으로 하여금 자신의 행동이 다른 사람에게 어떤 영향을 미치는지 자각할 수 있도록 해주고, 그리하여 이후 공동체의 이익을 위해 행동할 여지를 더 많이 만들어주는 도구 역할을 한다. 이 말의 의미를 알고 싶다면, 다음의 기하학 형상을 잠시 바라보자.

무슨 느낌이 오는가? 뺨에 살짝 열기가 느껴지는 등의 어떤 신체감각이라도 있는가? 점의 배치는 사람 얼굴에서 두 눈과 입의 기하학적 배열이다. 이 점들을 보다 보면 누군가 나를 바라보거나 주시하고 있으며, 나에 대한 평판을 내릴 것만 같다. 연구자들에 따르면 이와 같은 추상적 형상을 우연히 맞닥뜨리기만 해도, 사람들은 다른 사람들에게 더 관대해진다고 한다.

이 실험에서 연구자들은 실험 참가자들에게 소정의 돈을 지급한 뒤, 모르는 사람에게 줄 수 있는 돈의 액수(한 푼도 주지 않아도 된다)를 종이에 적으라고 했다. 그런 다음 액수를 적은 종이를 옆으로 치워놓고 사람 얼굴을 단순화한 듯한, 점 세 개로 이루어진 패턴 또는 그것을 뒤집어놓은 패턴을 보게 했다. 사람 얼굴이 연상되는 점들을 보는 것만으로도, 모르는 사람에게 돈을 줄 생각이 없다는 실험 참가자들의 이기적 성향이 반으로 뚝 떨어졌다. 평판을 의식하면서 더 바람직한 성향을 띠게 된 것이다.

공동체는 한 개인이 얼마만큼 최대 선을 증진시킬 수 있는가에 주목하면서 그들에 대한 평판을 내린다. 평판은 우리에게 권력이란 타인의 판단에 좌우되는 일시적인 것이라는 사실을 상기시킨다. 그리하여 우리의 영향력이란 것은 타인이 내리는 평판에 좌우되므로, 우리는 타인의 판단을 의식하지 않을 수 없다. 평판을 통해 현재 권력을 가진 이는 서로 돕는 이타적 행위를 하게 된다. 권력자가 다른 사람들이 자신을 어떻게 보는지를 제대로 의식하지 못한다면, 이는 권력에서 빚어지는 근시안적 태도 때문이다. 이런 권력자는 최대 선을 저해하는 충동적 행위를 저지르게 되는데, 이는 곧 실권으로 이어진다. 평판은 공동체가 권력 역설을 막기 위한 하나의 방법이다. 또 다른 방법도 있는데, 그것은 바로 존경이라는 보상이다.

공동체는 최대 선을 증진시키는
사람에게 위상과 명예로 보상한다

—

인류 진화 과정을 보면, 음식을 나누는 것은 사회연결망을 구축하는 주요 수단인 동시에 그런 연결망을 공동체 안에 만들어준 이에게 존경을 표하는 수단이다.(원리 7) 네트실리크 이누이트 족을 보면, 사람마다 음식을 나누는 열두 명의 짝이 지어지며 그 관계는 평생 지속된다. 어느 때건 이 연결망에 속한 사람이 바다표범 한 마리를 사냥하면, 그는 꼼꼼히 14등분하여 열두 덩어리를 짝들에게 나눠주고 나머지 두 덩어리를 자기 몫으로 한다. 이렇게 음식을 나눔으로써 사회유대는 유지되고 강화된다.

네트실리크와 같은 산업화 이전 문화를 보면, 그런 문화의 공동체는 같이 나누는 음식의 양에 비례하여 부족 구성원 개인의 사회적 위상을 격상시켰다. 뉴기니 고산지대에서는 연례 행사로 주변 부족들이 한데 모여, 각자 생산한 음식, 얌, 돼지 고기, 코코넛 등을 나눈다. 어떤 개인이 더 많은 음식을 나눌수록 그의 사회적 위상은 올라간다. 고기를 나눠 먹는 것이 율법으로 자리 잡은 아프리카 사하라 지역, 북극 이누이트 족,

아마존 원주민의 관습은 바로 이런 역학으로 설명할 수 있다. 음식을 넉넉히 나눠줌으로써 더 나은 평판을 받는 관대한 이는 진화론 관점에서 훨씬 유리한 위치를 차지한다. 다시 말해, 관대한 남자는 짝을 지을 기회가 더 많고 자손도 더 많이 둘 수 있다. 그리고 관대한 여자는 자식을 돌보는 데 다른 이의 도움을 더 많이 받을 수 있다. 이웃에게 바다표범 고기, 돼지고기, 얌 등을 나눠주고 이웃이 그에 상응한 존경을 표하는 것은 권력 배분과 관련된 일반 원리로 설명할 수 있는데, 공동체는 최대 선을 증진시키는 개인에게 걸맞은 사회적 위상을 부여한다.(원리 7) 위상이란 다른 사람들이 인정해줌으로써 개인이 누릴 수 있는 명예다. 즉 개인의 평판을 명시화한 것이다. 권력과 위상이 같이 가는 경우가 종종 있다. 우리는 의사, 판사, 교사처럼 영향력이 큰 일을 하는 사람들을 존경하기 마련이다. 세상에 기여하는 사람들은 주변 사람들로부터 존경을 받으며 사회적 위상은 더 높아진다.

그러나 위상과 권력은 별개일 수도 있다. 위상 없이도 권력을 쥘 수 있기 때문이다. 부패한 정치인이나 월스트리트 금융인을 존경하는 사람은 많지 않지만, 그들이 정치적 행위와 자본 이동을 통해 행사하는 영향력은 막강하다. 반대로 큰 권력은 없지만 아주 높은 위상을 지니는 사람도 있다. 사회적으로 인정받으며 이름 옆에 경칭이 붙는 교수와 같은 이들이 그런 예에 해당할 것이다. 하지만 교수들 대부분은 세상에 별 영향을 미치지 못하는, 난해한 생각을 붙들고 있기 마련이다. 이런 차이에서 우리는 다음과 같은 사실을 알 수 있다. 사회 공동체는 권력을 가진 개인의 행동을 제어하기 위해 귀중한 사회 자원, 즉 위상에 기댈 수 있다는 것이다.

공동체 구성원들은 존경을 표하는 영장류의 방식에서 진화된 현란한 행위 언어로 최대 선을 증진시킨 개인에게 위상을 부여한다. (예를 들어, 78쪽에서 니키라는 이름의 침팬지가 더 큰 권력을 가진 예로엔에게 조아리는 사진을 보라. 그리고 지난날, 우리가 어려워하던 상대 앞에서 굽실거리고 우물거리던 때를 생각해보자.) 우리가 어떤 대상 앞에서 눈을 마주치지도 못하고 부끄러워하며 굽실거릴 때, 우리는 이런 행동을 하게 만드는, 다시 말해 우리가 권력을 부여하고 경외하는 그의 위상을 높이고 있는 것이다. 우리는 여러 가지 방식으로 타인의 위상을 드높인다. 미사여구를 동원하여 칭송하고, 환심을 사는 말을 하고, 사람들 앞에서 미담을 늘어놓고, 상을 수여하고, 입에 침이 마르도록 찬양한다. 세상 사람들은 자기보다 높은 위상을 지닌 사람을 만나 대화를 나눌 때면, 정중함—나서지 않고 에둘러 말하며 양해를 구하고 예의범절을 준수하는—이라는 전략을 조직적으로 취한다. 말의 표현과 구문 그리고 전달에서 나타나는 이 미묘한 변화엔 화자가 청자에게 품는 경외의 마음이 담겨 있다.

누가 나에게 이처럼 위상을 부여하는 행위를 하면 나의 뇌에선 강력한 반응이 일어난다. 이를 보면 130년 전에 윌리엄 제임스가 주장했던 말이 새삼 떠오른다.

"인간 본성 가운데 가장 뿌리 깊은 것은 인정을 받고자 하는 욕구다."

그 실례가 되는 한 연구에서 실험 참가자들은 fMRI 스캐너 안에 들어가 누워서 친구들이 쓴, 자신을 높이 평가해주는 글을 귀로 듣는다.

"너는 내가 필요로 할 때, 늘 내 편이 되어주었어." "너는 내게 힘을 줬어." "긴가민가할 때, 넌 내게 꾸준히 해나갈 수 있도록 격려했어."

자기 위상을 높여주는 이런 이야기를 들으면 실험 참가자의 복측선조체ventral striatum에서는 도파민 신경 회로가 활성화되었다. 복측선조체란 초콜릿을 먹거나 편안한 마사지를 받고 희열감을 느낄 때 자극을 받는 뇌의 한 부분이다. 따라서 공동체 구성원들로부터 인정을 받을 때 반응하는 뇌의 영역은 갈망과 관련이 있다.

사회 공동체가 개인의 위상을 높일 때는 그를 인정해주는 공식 행사—표창—를 수행한다. 이런 행사를 보면서 사람들은 공동체의 이익을 위해 행동할 마음을 내게 된다. 학계에서 학문에 기여한 학자에게 명망 있는 상을 수여하면, 사적 이해 관계의 영역에서 생산성이 증대된다. 다시 말해 위상을 높이고 싶은 마음에 연구와 혁신을 더 열심히 할 수 있다는 것이다.

이렇듯 위상은 중요하다. 개인은 위상을 갈망하며, 공동체는 다른 사람들에게 너그러움과 성실함의 본보기가 될 수 있도록 특정 개인을 골라 그에게 위상으로 보상한다. 위상을 높이고 싶은 개개인의 욕구는 공동체에겐 쓸모가 있다. 그 위상을 얻고자 개개인들이 경쟁할 때, 그들은 더 관대해질 것이기 때문이다. 이와 같은 경쟁적 이타주의의 사례는 우리 일상에서 쉽게 찾아볼 수 있다. 기금 조성 경매에서 막대한 액수로 입찰하는 행위, 자신의 이름을 딴 건물을 모교에 기부하는 행위, 나이 드신 분의 차가 고장이 났을 때 젊은이들이 손과 옷에 기름을 묻히며 돕는 행위 등이 그런 사례다.

그런데 위상을 부여하는 것은 권력을 가진 이를 감시하는 수단이 되기도 한다. 권력 남용과 더불어 자기 이익을 취하려는 경향을 차단할 수 있다. 권력자가 자기 밑의 사람이 깊은 존경을 받는데도 이를 인정하지 않는다면, 그리고 왜 그가 왜 그런 존경을 받는지 제대로 이해하지 못하거나 그것을 과장해서 받아들인다면, 그는 부정적으로 여겨지는 사회적 행위, 이른바 뒷말의 대상이 될 수 있다. 뒷말은 공동체가 최대 선을 증진시키는 사람에게 권력을 부여하고자 할 때 취하는 마지막 수단이다.

공동체는 최대 선을 저해하는 사람을 뒷말로 벌한다

—

뒷말을 심각한 죄악으로 여기는 사람들말 많다. 성 베드로는 숙덕공론과 뒷말을 살인, 사기, 간음과 나란히 두었다. 극형에 처해 마땅한 죄악으로 보았던 것이다. 중등과정 교사들은 학생들에게 친구 뒷말을 하지 말라는 말을 입에 달고 산다. 그럴 만한 이유가 있긴 하다. 뒷말은 사람에게 굴욕감을 안겨주며 심지어 목숨마저 앗아갈 수 있기 때문이다. 앤드루 잭슨의 아내 레이철이 첫 번째 결혼 생활을 접고 훗날 대통령이 된 앤드

루와 도피 행각을 벌인 때가 1793년인데, 이혼율이 0에서 5퍼센트 사이를 오갈 때였다. 결국 그는 앤드루가 대통령 선거운동을 벌일 때 악의에 찬 뒷말의 먹잇감이 되었다. 너덜해진 자신의 평판을 신문 지상을 통해 처음 접했을 때, 그는 오열했다. 그리고 그로부터 몇 주 뒤 그는 세상을 떠났다.

뒷말거리가 되는 데 발끈하지 않을 사람은 없다. 그러나 권력을 남용하는 사람에 대해 뒷말을 하는 것은 예외적이며, 이는 뒷말에 대한 기존 통념에 들어맞지 않는다. 사실 뒷말은 공동체 구성원이 특정 개인에게 권력을 부여하고 그 권력을 감시하는, 아주 오래된 보편적 방법이다.(원리 8)

뒷말이란 한 개인이 얼마만큼 최대 선을 증진시키고 있는가를 말하는 방식이며, 그것을 다른 이에게 퍼뜨리는 수단이다. 뒷말을 통해 그가 어떤 사람인가를 말한다. 기정 사실―복역 중인 이웃, 약물 중독 재활치료를 받고 있는 직장 동료, 암에 걸린 소프트볼 동호회 회원 등―을 두고 다른 사람과 이야기를 나눈다고 할 때, 우리는 확증된 정보를 전하는 것이다. 뒷말이라고 할 때, 흔히 연상되는 분분한 억측을 말하는 것이 아니다. 우리는 어떤 사람의 성격에 문제가 있는지 알고 싶을 때 뒷말에 기댄다. 뒷말을 통해 최대 선의 추구를 저해할 성격적 결함이 있는지 살피는 것이다.

그렇다면 뒷말이란 사회연결망 안에서 한 개인의 평판이 어떤지를 확증하는 수단이다. 특히 그가 권력을 추구하며 마키아벨리식으로 영향력을 행사하려는 사람인지 판단할 수 있다. 예를 들어, 미국 대통령 선거는 각 후보자 주변에 떠도는 뒷말을 두고 벌이는 한바탕 대격전이라고 할 수 있다. 이 뒷말은 나중에 대통령이 선출되어도 그를 따라다닌다. 정치판 뒷말은 어떤 정치가의 행동이 최대 선의 기반인 공동체 문화를 해치는가 그 여부에 쏠린다. 노예제도가 존재했던 시대에 정치적 뒷말은 후보자의 인종적 배경에 초점을 맞췄다. 금주법 시대에는 후보자가 알코올중독인지 또는 마시면서 아닌 척 하는지 그 여부에 초점이 맞춰졌다. 마약과의 전쟁 시대에는 정치인의 약물 섭취 여부가 쟁점이었다. 오늘날, 버락 오바마 대통령의 출생 확인서가 뒷말 대상이 된 것은 이민 문제가 현안인 상황에서 그리 놀라운 일이 아니다. 토머스 제퍼슨은 정치적 평판을 구축하는 과정에서 뒷말의 힘이 어느 정도인지를 간파했다. 집권 시절 그는 정치적 뒷말의 여러 유형을 정리한 끝에 가장 치명적인 뒷말은 이기적이며, 남을 중상모략하는, 사회적 분란 행위라는 결론을 내린 바 있다.

제퍼슨의 추론을 21세기 사회 집단에 적용하고자 나는 UC 버클리 여학생 클럽 구성원들 사이에 떠도는 뒷말의 유형을 연구했다. 첫 단계로 나는 학생들의 빅 파이브—열정, 너그러움, 집중력, 평정심, 열린 마음— 수치와 협잡, 거짓말, 강압과 같은 마키아벨리적 성향에 관한 자료를 수집했다. 그리고 몇 주 뒤, 학생들을 한 명씩 실험실로 불러 클럽 내 다른 친구들에 대해 얼마나 자주 뒷말을 했는지 그리고 누구와 그런 뒷말을 나눴는지 면담을 했다. 뒷말의 주된 대상은 클럽의 최대 선을 가장 심각하게 저해하는 학생들이었다. 실험 참가자 학생들에 따르면, 유명한데다 튀는 행동을 하는 그들은 성격도 안 좋고 마키아벨리 성향이 다분하였다. 따라서 권력을 얻기 위해서라면 기꺼이 민폐를 끼치고 협잡과 거짓말을 일삼는다는 것이다. 일반적으로 뒷말이 겨냥하는 대상은 남을 짓밟고 권력을 쥐려는 개인이다.

뒷말은 최대 선을 저해하려는 개인의 평판을 깎아내리기 위한 것이다. 이스트 코스트 대학의 건장한 조정 선수들과 접촉했던 연구자들은 선수들이 연습장을 오가며 나눴던 스스럼없는 이야기들을 들을 수 있었다. 자연스레 뒷말은 연습 시간에 늦는데다 노도 열심히 젓지 않고 호흡도 잘 맞추지 못하는 한 동료를 향했다. 말 그대로 혼신을 다하지 않는 그는 최대 선을 저해하는 것이었다. 미국 서부 지역에서 소를 키우는 목장주들은 짬이 나서 서로 과묵한 대화를 나누는 와중에도 울타리를 제대로 치지 않는 이웃 목장주를 두고 뒷말을 한다. 다시 말하지만, 뒷말이 겨냥하는 것은 공동체의 신뢰를 무너뜨리는 행위다. 목장주들이 볼 때, 울타리 관리를 제대로 안하는 것은 그런 행위에 속한다. 수렵 채집 사회에서 뒷말이 겨냥하는 대상은 남을 이용하고 남의 음식과 여자를 훔치는 불한당이다.

사회연결망을 통해 퍼지는 뒷말은 최대 선을 저해하는 이의 평판을 깎아내릴 수 있다. 평균적으로 우리는 우리가 들은 뒷말을 2.3명에게 퍼뜨리며, 이들은 일반적으로 높은 위상을 지닌, 즉 사회적으로 배경이 좋은 이들이다. 여학생 클럽을 대상으로 한 연구를 보면, 그들은 배경이 좋고 주변에서 선망을 받는 여학생들이었다. 뒷말은 다른 이의 평판을 좌지우지할 수 있는 최고 권력을 지닌 개인에게 전달되는 것이다.

뒷말을 하려는 사회적 본능이 어찌나 강한지 결국 뒷말을 기본 기능으로 하는 기관이 출현했다. 17세기 영국에 처음으로 등장하여 사람들에게 널리 읽히고 재정적으로 발행을 유지할 수 있었던 신문은, 한마디로 넝마 같은 뒷말을 모아놓은 것이었다. 거기엔 그 지역의 양아치, 호색한, 바람둥이, 술주정꾼, 헤프쟁이, 타락한 귀족 등에 대한 뒷말이 실려 있었다. 미국의 현인 가운데 한 사람이었던 벤 프랭클린은 미국에서는 처음으로 뒷말 칼럼을 썼다. 1814년에 쓰인 이 글은 천박한 행동을 하는 주변 사람에 대해 풍자적으로 언급한 것이었다.

오늘날의 디지털 세상에서 평판과 뒷말은 웹사이트와 블로그를 통해 바이러스처럼 퍼진다. 식당, 점포, 호텔은 옐프Yelp에서 소비자가 매기는 별점을 초조히 주시한다. 고커Gawker는 정치인들의 일거수일투족을 쫓고 어니언The Onion은 그들을 풍자한다. 쉬티티퍼The Shittytipper 트위터는 유명인 가운데 15에서 20퍼센트 사이의 통상의 팁보다 적은 팁을 낸 사람의 명단을 올린다. 지금은 없어진 홀라백NYC Holla Back 블로그는 여성들이 자신들을 야유하고 희롱하고 추행한 남성들의 사진을 올리는 블로그였다.

평판과 관련된 정보를 퍼뜨리는 데 집착하면 그만한 대가가 따른다. 사생활을 침해할 수 있고, 다른 사람과 착각할 수 있으며, 간접적으로 상대를 압박하며 위해를 가할 수도 있기 때문이다. 우리들 대부분은 한때 부적절한 뒷말의 대상이 되어 시달린 경험이 있을 것이다. 그러나 이 모든 문제를 감안하더라도 공동체 안에서 다른 사람의 평판에 대해 자유롭게 얘기할 수 있다면, 그 이점은 앞서 말한 대가보다 훨씬 크다.

이런 발상을 처음 하게 된 연구에서 실험실을 찾은 참가자들은 24명이었고, 우리는 그들을 네 개의 그룹으로 나누었다. 그들은 여섯 판의 경제 게임●을 했는데, 매 판마다 상대를 바꿔가며 게임을 했다. 게임을 할 때마다 참가자에게는 일정 금액의 돈이 지급되었고, 그룹 펀드에 기부할 수 있는 기회도 주어졌다. 모인 그룹 펀드는 네 명의 게임 참가자들이 나눠 가질 수 있었다. 이 게임은 다른 사람을 위해 행동하려는 마음—그룹 펀드에 돈을 넣고자 하는—과 그룹에 기여하는 바 없이 다른 이의 배려로 조성된 그룹 펀드에서 돈만 챙기려는 무임승차의 마음을 서로 대립시키는 게임이었다. 첫 판이 끝나면, 게임 참가자는 다른 세 사람이 그룹 펀드에 얼마의 돈을 넣었는지 알 수 있었다. 참가자들은 이제 새로운 참가자들과 짝을 지어 다시 게임을 했고, 그렇게 여섯 번 반복했다.

첫 판을 마치자 연구는 더 흥미진진해졌다. 뒷말을 할 수 있

● 보드게임의 일종. 가상의 동산이나 부동산 등을 거래해 버는 돈의 액수로 승패를 나누는 게임―옮긴이

는 조건을 부여하자, 참가자들은 자기와 같이 게임을 했던 사람이 협조적인지 아니면 이기적인지를 다른 사람에게 쪽지로 알려주었다. 현실에서와 같이 참가자들은 자신이 뒷말의 대상이 될 수 있다는 것을 알았다. 좀 더 엄격한 조건—뒷말도 할 수 있고, 배제까지 할 수 있는—을 부여할 경우, 실험 참가자들은 뒷말뿐만 아니라 자신과 같이 게임을 했던 사람이 다음 게임에 참석하지 못하도록 배제하는 투표도 할 수 있었다.

뒷말이나 배제를 할 수 없는 중립적 조건을 부여하면, 사람들이 그룹 펀드에 돈을 넣는 액수가 점점 줄어들었다. 처음엔 믿음을 주었다 하더라도 최대 선에 기여할 마음도 없는데다 다시 볼 일도 없다는 태도로 임하는 참가자에게 이용당했다는 생각이 들면, 대부분의 사람들은 서로 돕고자 하는 본능적 마음을 접고 그룹 펀드에 돈을 덜 내기 시작했다. 그러나 뒷말을 할 수 있는 조건을 부여하면, 참가자들은 좀 더 많은 돈을 내어놓았다. 그리고 뒷말과 배제가 가능한 조건을 조성하면, 실험을 진행하는 내내 참가자들이 그룹 펀드에 기부하는 금액은 늘어났다.

뒷말, 창피 주기, 배제 같은 사회적 제재는 고통스럽기도 하거니와 (특히 권력을 가진 자에 의해) 오용될 여지도 크다. 그러나 모든 문화권에서 존재하는 이런 제재는 공동체 구성원들이 최대 선을 증진시키는 이들의 지위를 드높이는 한편, 그렇지 못한 이들은 권력을 잡을 수 없도록 막는, 아주 강력한 사회적 실천이다.

| 권력은 어떤 개인이 부여받는가 |

이기적이고 강압적이며 남을 이용하는 행위는 촘촘히 짜인 견고한 공동체를 흐트러뜨리는 행위다. 공동체는 이 점을 잘 알고 있으며 권력을 남용한 개인이 탐욕과 충동으로 행동하는 것을 역사적으로 겪어온 터였다. 따라서 공동체는 열정적이며 너그럽고 집중력을 갖추고 평정심을 유지하며 열린 마음을 가진 개인에게 권력을 부여하기로 했던 것이다. 공동체는 어떤 개인이 공동체를 위하여 행동할 수 있는지 가늠할 수 있는 평판을 조성한다. 그가 서로 돕고 연대를 맺고 강한 결속을 맺을 수 있는지를 평판을 통해 확인하는 것이다. 다른 사람과 나누고자 하는 사람은 그 위상을 높이고, 이기적이고 마키아벨리 속성을 지닌 사람은 뒷말이라는 상큼한 행위로 그들의 평판을 깎아내린다. 권력은 쟁취하는 게 아니라 주어지는 것이다.

THREE

권력은
타인에 대한 관심으로
유지된다

권력은
타인에 대한
관심으로
유지된다

신성한 생명력이 우리로 하여금 세상에 기여하게 만드는 원동력이라는 것은 인류의 보편적 믿음이다. 그리고 역사적으로 볼 때, 세상에 기여하는 것은 인간의 삶에서 가장 중요하고 의미 있는 일이었다. 산업사회 이전 공동체에서는 가진 것을 나누고, 지혜를 발휘하고, 용기를 내는 아주 구체적인 행위로 그 신성한 생명력을 표현했으며, 주로 신성한 통과의례를 거치면서 그 징표를 의복과 이름과 문신으로 나타냈다. 폴리네시아인들은 이 신성한 힘을 '마나man'a라고 불렀다. 북아메리카 평원에 거주하던 원주민들은 '시오피니x'iopini'라고 불렀다. 오늘날의 의미로 보면, 목적이나 임무 또는 소명에 해당하겠지만, 아마도 가장 적절한 명칭은 권력일 것이다. 동서고금을 막론하고 인생의 목적이란 우리가 세상에 기여할 수 있는 우리만의 길을 말할 텐데, 그것은 권력이라는 보편적 경험으로 나타낼 수 있다.

　20년 전 내가 권력 연구를 막 시작했을 때만 해도, 권력이 개인의 내적 삶에 어떤 영향을 미치는지 과학적으로 알려진 바가 거의 없었다. 권력 부재, 즉 무력감에 대해서도 알려진 바가 거의 없었다. 그럼에도 나는 권력이 우리의 사고와 감정에 어떤 영향을 미치는지 알 수 있다면 권력 역설을 이해하고 그 문제를 현명하게 극복할 방안도 찾을 수 있으리라는 생각이 들었다.

　권력을 경험한다는 것이 어떤 것인지를 밝히기 위해 나는 사람들이 권력을 행사할 수 있는 자리에 올랐을 때 어떤 느낌을 갖는지 연구했다. 공동체 안에서 높은 지위를 차지하고 있을 때 감성정 성향이 어떠한지 확인했다. 권력이 한쪽으로 치우친 상태에서 형성되는, 친구들 사이 또는 연인 사이의 권력 역학에 대해서도 연구했다. 하루 중 아무 때나 사람들을 붙잡고 자신에게 힘이 있다고 느낄 때면 어떤 생각과 기분이 되는지를 묻는 설문도 했다. 이런 연구들을 통해 한 가지 결론에 이르렀는데, 즉 권력은 생명력과 같다는 것이다. 갑자기 온몸을 휘감으며 어떤 목표를 향해 나아가도록 우리를 몰아붙이는 활력이다.

좀 더 구체적으로 말하면, 자신에게 힘이 있다는 생각이 들면 사람은 아주 높은 수위의 흥분과 영감과 희열을 느낀다. 이런 느낌에 힘 입어 그는 목적성을 띤 행동을 하게 된다. 자신의 힘을 자각함으로써 그는 자신에게 그런 힘을 부여한 상황에 어떤 식으로 보답할 수 있을까 궁리하고, 그 상황에 부합하는 목표가 무엇인지를 재빨리 포착한다. 힘이 있다는 생각이 들면, 그 행위에 도사린 위험도 덜 느낀다. 예를 들어, 한 연구에 따르면 자신에게 힘이 있다고 느낀 실험 참가자들은 블랙잭 게임에서 불확실한 패를 쥐고 있는데도 모험적인 도박을 하는 경향이 있었다.

이처럼 자신에게 힘이 있다고 생각하는 개인은 두 길 중 하나로 나아가는데, 하나는 충동적이고 비도덕적인 행위를 하는 권력 남용의 길이고, 다른 하나는 자애로운 행위를 하는 최대 선의 길이다. 권력 남용은 어떤 식으로든 대가를 치르게 돼 있다. 공동체의 신뢰를 무너뜨리고, 일은 제대로 되는 법이 없고, 급기야 건강마저 해치게 된다. 이와 대조적으로 최대 선을 증진시키는 데 권력을 사용하면, 권력을 가진 이와 그에게 권력을 부여한 이들은 더 행복하고, 건강하고, 생산적이 될 수 있다. 뿐만 아니라 후자의 길을 택하면 권력을 가진 이는 그 권력을 유지할 수 있다. 이때 필요한 것은 일련의 사회적 실천을 통해 좋은 기분을 불러일으키는 권력을 우리가 부릴 수 있어야 한다는 것이다. 다음에서 보듯 권력 유지의 비결은 단순하다.

> 다른 사람에게 관심을 기울인다. 다른 사람의 이익을 자신의 이익처럼 우선시한다. 다른 사람의 단점이 아닌 장점을 가지고 일을 도모한다. 다른 사람이 세상에 기여를 하면, 그들의 기쁨을 자신의 기쁨으로 여긴다.

앞 장에서 살펴보았던 자연 상태 실험에서 우리는 다음과 같은 사실을 알 수 있었다. 인간 사회에서 권력을 잃는 건 비일비재한 일인데, 그와 달리 학교에서든 직장에서든 군대에서든 권력을 유지하는 사람을 보면 그들은 타인에게 너그러우며 관심을 기울인다는 것이다. 다른 사람에게 꾸준히 관심을 기울임으로써 권력을 유지할 수 있다는 것은 우리가 이제껏 살펴본 바로도 충분히 이해할 수 있다. 공동체는 최대 선을 증진시키는 이에게 권력을 부여하고, 이 원리에서 벗어난 이는 그 위상을 떨어뜨리기 때문이다. (원리 5부터 8까지)

다른 사람에게 관심을 기울이는 것은 다음 네 가지 권력 원리에 기초한다. 이 원리들은 인류가 진화 과정에서 살아남는데 꼭 필요했던 콜래보레이션collaboration과 코아퍼레이션coorperation에서 유래한 보편적 실천들을 추린 것이다.●

권력은 타인에 대한 관심으로 유지된다

원리 09__ 권력은 공감으로 유지된다.

원리 10__ 권력은 나눔으로 유지된다.

원리 11__ 권력은 고마움의 표현으로 유지된다.

원리 12__ 권력은 모두를 하나로 묶는 스토리텔링으로 유지된다.

권력 유지의 첫 번째 원천은 다른 사람의 감정을 주의 깊게 살피는 데 있다. 사회생활에서 사람들의 감정을 표현하는 온갖 다양한 언어를 잘 살피고 그에 귀를 기울여야 한다. 그렇게 함으로써 우리는 세련된 방식으로 최대 선을 증진시키는 일상의

● 콜래보레이션이든 코아퍼레이션이든 우리말에서는 차이가 없다. 어느 쪽이든 '협력' 또는 '협동'이라고 옮긴다. 하지만 영어에서는 그 의미가 정확히 나뉜다. 콜래보레이션은 처음부터 여러 주체가 하나의 프로젝트를 동시에 진행하는 것이고, 코아퍼레이션은 여러 주체가 하나의 프로젝트를 각각 나누어 진행하다 나중에 합치는 것이다. 우리말에서는 아직 이 의미를 구분하여 사용하지 않기 때문에 외래어 형식으로 표기한다. ─옮긴이

상호작용을 수행할 수 있다.

권력 유지의 두 번째 원천은 다른 사람과의 나눔에 있다. 유형의 것(음식)에서부터 상징적인 것(돈)과 사회적인 것(존중)에 이르기까지 나눔의 방식은 다양하다. 이처럼 관대한 마음의 수혜자는 그것을 나눠주는 사람에게 권력을 부여하기 때문에, 무언가를 나누는 사람은 그것으로 권력을 유지할 수 있다. 다른 사람과 무언가를 나누는 방식 가운데 가장 오래된 것은 격려의 손길이며, 이것을 보면 어떻게 해서 나눔 속에 권력 유지의 길이 놓여 있는가를 잘 알 수 있다.

권력 유지의 세 번째 원천은 고마움의 표현에 있다. 어떤 사람의 됨됨이와 행동거지를 두고 고마움을 표한다는 것은 그들을 존중하는 것이다. 그들에게 우리는 가장 소중한 선물인 존중감을 안겨주는 것이다. 고마움을 표하면 영향력을 유지하고 깊은 유대감을 조성할 수 있는 여지가 생긴다.

권력 유지의 마지막 원천은 대의를 위해 사람들을 한데 묶는 스토리텔링에 있다. 우리 인간에게 이야기를 한다는 것은 보편적인 행위다. 즐거움을 위해서, 지식을 전달하기 위해서, 그리고 세상에 기여하는 데 필요한 결속력과 동지 의식을 위해 우리는 이야기를 한다.

어떠한 상호작용 속에서도 우리는 공감하고, 나누고, 고마움의 표현을 갖고, 우리를 한데 묶는 이야기를 할 수 있다. 이런 사회적 실천은 이방인, 친구, 직장 동료, 가족 사이의 상호작용에서 유용하다. 그리고 다른 사람을 해하기보다 도움을 줘야한다는 생각이 우세한, 최대 선을 추구하고자 하는 공동체 구성원들 사이의 상호작용에서도 유용하다. 인류의 진화 과정에서 이런 사회적 실천으로부터 신뢰감이 돈독한 원활한 사회연결망이 만들어졌다. 이런 사회적 실천은 우리가 그것을 행사하는 대상들에게 이로움을 안겨줄 뿐만 아니라 그 자체가 하나의 보상이다. 사회적 실천은 자신에게 힘이 있다는 벅찬 감정을 안겨주기 때문이다. 이와 같은 사회적 실천은 우리가 세상에 기여하는 일상의 방편이다.

권력은 공감으로 유지된다

—

서로우 위드Thurlow Weed는 윌리엄 수워드William Seward를 보좌했던 뛰어난 책사였다. 뉴욕 주 상원의원을 오랫동안 역임한 수워드는 1860년 대통령 선거에서 공화당 후보로 낙점될 가능성이 아주 높았다. 시카고 전당대회에서 위드는 평소의 집중력과 열정을 가지고 호텔을 돌아다니며 각 주에서 온 대표자들을 만나 지지를 호소했다. 예상 득표가 많이 나올 것 같아 후보자 당선 축하연과 당선 연설문을 준비했다. 정치와 공공 서비스 부분에서 뛰어난 수완을 보였던 수워드가 후보로 낙점되었다면 그의 경력은 절정에 이르렀을 것이다. 그러나 그날 밤 사이에 정치 판세가 달라졌다. 3차 투표에서 상대적으로 무명이었던 젊은 변호사 에이브러햄 링컨이 역전해버린 것이다. 수워드에겐 치명타였고, 위드의 인생에서 가장 절망적인 사건이었다.

많은 역사가들의 주장에 따르면, 링컨의 권력은 역대 미국 대통령에게서 볼 수 있었던 권력 가운데 가장 지속력이 강했다고 한다. 훗날 위드는 링컨에 대해 이렇게 술회했다.

"그의 정신은 냉철하면서도 실용적이었다. 그는 찾아오는 모든 사람을 만나고, 그들의 이야기를 남김없이 경청했으며, 누구하고도 허심탄회한 대화를 나눴다. 그리고 자신에게 오는 모든 편지를 읽었다."

링컨의 타고난 냉철함은 다른 사람의 마음을 헤아리는 실용적 태도에서 나왔다. 다른 사람의 감정을 헤아릴 수 있었기에 그는 권력을 유지할 수 있었다.

일상의 사회적 상호작용 속에 드러나는 감정 표현에 주의를 기울임으로써 우리는 다른 사람이 어떻게 느끼는지 이해한다. 사람들은 얼굴 근육을 실룩거리거나 어조를 바꾸거나 또는 손짓이나 고갯짓으로 아니면 미세한 시선 처리나 신체 접촉으로 감정을 표현한다. 이런 식의 감정 표현은 찰나에 불과하여 보통 1, 2초 정도밖에 지속되지 않지만, 사람들의 관계 양상을 규정한다. 감정 표현은 주어진 상황에서 그 사람이 어떻게 느끼고, 무엇을 의도하며, 어떤 도덕적 판단을 내리는지에 관한 정보를 제공한다. 동료가 화가 난 표식―입술을 꾹 다물고, 미간을 찌푸리며, 눈꼬리를 살짝 치켜뜨는 식으로―을 보이면, 우리는 그가 화가 났음을 안다. 즉 그가 현재 벌어지고 있는 상호작용에 대해 불만이라는 것을, 적대적으로 행동할 가능성이 있다는 것을, 그리고 스스로 자신의 분노가 정당하다고 여기고 있다는 것을 알 수 있다.

감정 표현은 사람들에게 특정한 반응을 유발한다. 슬픈 목소리나 고통에 찬 절규를 들으면 타인에 대해 연민으로 같이 아파하며 도와주고 싶은 마음이 든다. 찰나에 불과할지라도 화가 난 기색을 접하면 사람들은 두려움이나 미약함을 느끼거나 또는 투쟁―도피 반응을 일으킨다.

끝으로 감정 표현은 사회적 상호작용에서 자극제 구실을 한다. 온화한 미소, 관심 어린 어조, 격려의 토닥거림 등은 상대로 하여금 특정한 행동을 하도록 자극하는 아주 강력한 보상책이 된다. 반면, 팔을 꼬집거나 화를 벌컥 내면 상대로 하여금 그렇게 분노를 유발하는 행위를 못하게 만들 수 있다. 따라서 감정 표현이 함의하는 정보와 그것이 유발하는 반응 그리고 동기부여를 통해 우리의 일상적 상호작용의 틀은 만들어진다.

링컨이 그랬듯이 다른 사람의 감정 표현에 마음의 파장을 맞춘다는 것은, 최대 선을 증진시키기 위한 사회적 상호작용에 함께한다는 말이다. 다른 사람의 감정 표현에 주의를 기울이는 것은 상대를 존중하며, 원활하고 생산적인 사회적 상호작용을 가로막는 골치 아픈 오해와 갈등의 소지를 없애는 것이다. 그리고 그것은 연인들 간의 갈등이나 중요한 업무 계약에서 바람직한 해결사 노릇도 할 수 있다.

공감한다는 것은 다른 사람의 감정을 헤아린다는 것인데, 이는 곧 권력의 한 형태다. 상대가 아무리 격한 감정을 내보여도 마음의 동요 없이 유연하게 응대할 수 있기 때문이다. 옥신각신 끝에 화를 내는 사람이 있다고 하자. 화를 내면 상대방은 무의식적으로 위축되어 접고 들어갈 수 있기 때문에, 화를 낸 사람은 제멋대로 굴 수 있다. 하지만 그가 화를 내는 것을 가만히 바라보며 무엇 때문에 저러는지 속으로 헤아릴 수 있다면, 우리 뇌에서 공포를 관장하는 부위는 아무런 자극도 받지 않는다. 그러면 어떻게 해야 할지 아는 상태에서 우리는 침착한 태도로 그 분노를 다룰 수 있게 된다.

어떻게 하면 팀이 집단 지성을 활용한 과업을 잘 수행할 수 있을까. 이 문제를 다룬 최근의 한 연구에서는 실험 참가자들을 두 명에서 다섯 명으로 이루어진 그룹으로 편성했다. 그들은 실천 지능이 필요한 과업—예를 들어, 혼자 사막에 떨어졌을 때 생존에 필요한 다섯 가지 물건 목록 대기 등—을 수행했다. 논리적 추론이 필요한 과업은 같이 머리를 맞댔다. 그리고 제약을 두지 않는 브레인스토밍을 하기도 했다. 이 과정에서 그룹 간의 격차가 나타났다. 높은 성취도를 보인 그룹을 보면, 공감 능력이 뛰어난 이들이 그룹을 이끌고 있었다. 그들은 다른 사람의 감정에 주의를 기울이고, 궁금한 것을 물어보고, 알았다는 듯 고개를 끄덕이며 관심을 표명했다. 그리고 능숙한 솜씨로 콜래버레이션을 정교하게 이끌어냈다. 특히, 그룹 내 여성의 비율이 늘어나자, 집단 지성을 활용한 팀의 과업 수행도도 향상됐다. 여성이 리더일 경우 혁신을 배가하고 최종적으로 좋은 결과를 얻을 가능성이 높게 나왔다.

공감은 콜래버레이션을 바탕으로 한 상호작용을 더 많이 창출하며 그것을 통해 사람들은 권력을 유지할 수 있다. 이런 주장을 뒷받침하는 연구들을 보면, 사람들의 얼굴 표정에서 감정을 얼마나 잘 읽어내느냐에 따라 공감의 정도를 판단했다. 내가 이끌고 있는 버클리 연구실에서도 이런 방법을 사용했다. 먼저 감정과 관련된 단어와 그 뜻을 읽도록 한 뒤, 얼굴 표정과 그에 걸맞은 단어를 연결해보라고 한 것이다.

감정 표현과 얼굴 표정을 서로 연결해보시오.

1. **분노** 불쾌하거나 부당한 대우를 받았을 때 드는 감정

2. **당황** 사회규범을 어기는 사람을 봤을 때 드는 불편한 감정

3. **두려움** 위협을 받거나 위험에 처했을 때 또는 어떤 일이 닥칠지 모를 때 드는 감정

4. **흥미** 어떤 것에 마음이 끌리고 매혹되는 감정

5. **뿌듯함** 자기 가치를 확실히 인지하는 감정

6. **슬픔** 비통, 결핍, 무력, 상실 등에서 비롯하는 감정

7. **부끄러움** 역부족, 창피, 모욕 등에서 비롯하는 감정

8. **놀람** 예기치 않은 일에서 비롯하는 감정

1. 슬픔 2. 분노 3. 당혹함 4. 우끄러움 5. 놀람 6. 싸늘함 7. 흥미 8. 은밀함

여기서 7, 8개를 맞히면, 공감 능력이 상당히 높은 것이다.

> 다른 사람의 표정을 주의 깊게 살피는 공감 능력이 높으면 감
> 정을 표현한 만화에도 공감을 할 수 있다. 감정을 담은 다음 그
> 림은 내 연구에 도움을 준 일러스트레이터 매트 존스가 그린
> 것이다. 단어를 먼저 보고 그 감정 표현에 알맞은 그림을 서로
> 연결해보라.
>
> 감탄   경이   수줍음   이의   당황
> 고마움   죄책감   모성애   슬픔   연민

여기서 9, 10개를 맞히면 공감 점수가 아주 높은 것이다.

공감 실험은 다른 사람의 감정 표현에 얼마나 민감한가를 보여준다. 이는 서로우 위드가 에이브러햄 링컨에게서 간파한 바다. 모든 연령층에서 그리고 다양한 사회적 맥락에서 권력을 유지하는 데 필요한 핵심은 바로 다른 사람의 감정을 주시하는 것이다. 실험 보고에 따르면, 공감 능력이 뛰어난 다섯 살 아이는 여덟 살쯤 되면 사이좋은 친구들에 둘러싸여 있을 것이라고 한다. 공감 능력이 뛰어난 청소년은 친구도 많고 친

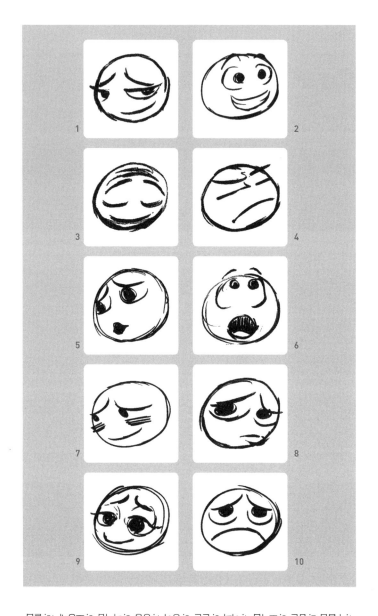

1. 수줍음 2. 장난 3. 고마움 4. 아이 5. 슬픔 6. 장미 7. 만족 8. 지쳐짐 9. 안타까움 10. 슬픔

구들로부터 두터운 신의를 받으며, 학업 성적도 좋다고 한다. 대학생의 경우도 다른 사람의 감정을 헤아릴 줄 아는 이가 학교생활을 잘한다고 한다. 우울증이나 불안 증세에 시달릴 가능성이 적고 대학 생활에 만족할 가능성이 높다는 것이다.

사회생활을 시작한 젊은이 가운데 공감 능력이 뛰어난 이들은 직업 만족도가 높게 나왔다. 업무 협상에도 능하여 서로에게 유익한 결과를 도출할 줄 알았다. 다시 말해, 다른 사람을 만족시킬 줄 안다면, 그것으로 더 큰 권력을 얻을 수 있는 것이다. 고과평가에서도 잘 드러나듯이 조직 내에서 공감 능력이 뛰어난 사람이 업무에서도 탁월하다. 그들은 좀 더 많은 권력이 주어지는 자리로 승진하고, 같이 일하는 사람들에게 그 힘을 나눠주는 이가 된다. 공감 능력이 있는 관리자가 이끄는 팀은 더 생산적이며, 더 혁신적이고, 일에 만족감이 높아 심적 스트레스와 육체적 고통을 덜 받는다.

우리는 아주 다양한 방식으로 공감 능력을 키울 수 있다. 허심탄회한 질문을 던질 수 있고, 상대가 무슨 말을 하려는지 온 마음을 다해 귀를 기울일 수 있다. 여럿이 이야기를 나누는 자리에서는 말을 줄이고 침묵을 지키는 묘를 발휘할 수도 있다. 그렇게 해서 다른 사람들이 자신의 생각을 얘기할 수 있도록 배려하고 중간에서 말을 자르려는 욕구—권력을 가진 사람이라면 더 커질 수밖에 없는—를 억제할 수 있다. 충고의 한마디를 하기 전에 다른 사람에게 그런 상황에서라면 어떻게 하는 것이 좋을지 미리 물어본다. 우리는 자신에게 그만한 권력이 없다고 생각하는 이들—부하 직원이나 자식들—에게도 먼저 물어볼 수 있다. 공감은 권력을 유지하는 데 가장 중요한 첫 번째 실천 행위다.

권력은 나눔으로 유지된다

—

미국 대통령은 매년 대략 6만 5,000명과 악수를 한다(하루에 200명꼴이다). 유세 행보를 하는 후보자들은 유권자들과 악수하느라 손에 피멍이 들거나 손이 붓곤 한다. 그러나 이런 정치적 의례에는 깊은 내막이 있다. 살가운 스킨십*은 가장 단순하면서도 가장 오래된 나눔의 수단이라는 것이다. 이는 권력 유지

● '스킨십'은 정식 영어단어가 아니라 주로 한국과 일본에서 사용하는 신조어지만, 맥락상 '스킨십'이 가장 적절하여 이 표현을 사용한다.—옮긴이

의 가장 기본적인 수단이기도 하다.

유인원은 다른 동물을 그루밍 해주는 데 깨어 있는 시간의 15% 이상을 보낸다. 병이 생기지 않도록 서캐나 각다귀 같은 것을 잡으려고 그러는 것이 아니라, 기분 좋은 상태를 만들어 줘서 서로 돈독해지려고 그러는 것이다. 앞서 2장에서 루이트가 그루밍을 통해 다른 침팬지와 강한 유대를 맺음으로써 예로엔에 대적할 권력을 키워나갔던 일화를 기억할 것이다.

인간 사회도 마찬가지다. 스킨십은 직접적이고 강력한 그리고 점진적이면서도 오래된 나눔의 수단이다. 등을 토닥이거나 따뜻하게 안아주면 상대에게서는 옥시토신이 분비된다. 옥시토신은 신뢰와 협력 그리고 나눔을 유발하는 신경화학 물질 가운데 하나다. 팔을 부드럽게 만져주기만 해도 안와전두피질 —보상과 그 보상을 얻기 위한 행동을 관장하는 전두엽의 한 부분— 이 자극을 받는다. 상대를 인정해주는 살가운 스킨십을 해주면 상대는 자신이 인정을 받는다는 기분 좋은 느낌을 갖는다. 스킨십은 사회적 상호작용에서 강력한 동기부여 수단 가운데 하나다.

또한 살가운 스킨십은 신경생리학 측면에서 스트레스 반응 —코르티솔이 많이 분비되고 혈압이 오르는— 을 완화한다. 예를 들어 전기 충격과 같은 스트레스 상황에 곧 직면할 사람일지라도, 사랑하는 이의 손을 잡는 것만으로 스트레스와 관련된 뇌의 부위가 진정된다. 아기가 병원 치료를 받으며 아파할 때, 아기가 애정을 갖는 사람이 아기를 어루만져주면 아기는 덜 운다. 공감 능력과 마찬가지로 적절한 스킨십은 사회적 상호작용에서 최대 선을 증진시킬 수 있다. 상대는 보상감을 얻고 스트레스를 덜 수 있기 때문이다.

살가운 스킨십이 주는 보상과 진정 효과에 대해 이런 과학적 근거가 있다는 점을 전제한 뒤, 나는 다음의 가설을 실험하기 위해 나의 취미인 농구를 끌어와 봤다. 스킨십이 사람들로 하여금 무언가를 같이 하도록 힘을 북돋우며, 콜래보레이션과 업무 수행능력을 높이지 않을까. 이 실험에 참가한 이들은 전미농구협회NBA 소속 선수들이었다. 2008년 시즌 초기에 버클리 대학의 우리 연구팀은 NBA 각 팀당 한 경기 전체를 가지고 그 경기에서 확인된 스킨십을 분류했다. 7개월이 지났을 무렵 우리가 분류한 스킨십의 종류는, 익히 알려진 하이파이브에서부터 주먹 인사, 가벼운 포옹, 부둥켜안기에 이르기까지 25가지에 이르렀다. 관찰한 바에 따르면 선수들은 상대가 용인하는 범위에서 동료 선수의 옆머리를 주먹으로 살짝 치는 장난도 쳤다. 경기가 아주 잘 풀려서 팀이 핫핸드*일 경우, 선수들은 뛰어오르면서 엉덩이나 가슴을 부딪쳤다. 나도 버클리 대학 교수 모임에서 자축의 의미로 그렇게 한 적이 있는데, 돌아온 반응은 시큰둥했다. 아무튼 선수들은 평균적으로 한 게임 당 약 2초 정도 이런 스킨십을 했다. 단 2초다.

그러나 잠깐에 불과할지라도 스킨십은 시즌 후반 경기에서 팀을 더 결속시키는 역할을 하므로 의미가 있었다. 통계를 내보니, 시즌 초반에 선수들의 스킨십이 많을수록 시즌 후반에 팀은 훨씬 더 좋은 경기를 보여주었다. 정교한 농구 메트릭스APBR** 로도 같은 결과가 나왔다.

시즌 초반에 서로 격려하며 스킨십을 많이 한 팀일수록 공격에서는 공격권을 잘 지켰고, 수비에서는 서로 잘 도왔다. 픽앤롤***을 구사하거나 흐르는 볼을 잡기 위해 다툴 때도 훨씬 더 뛰어난 기량을 보여주었다. 결국 스킨십이 많은 팀은 시즌 중에 두 경기 이상 승점을 확보했고, 이는 플레이오프에 나가

---

* 팀 전체로든, 선수 개인으로든 컨디션이 좋아서 짧은 시간 안에 고득점을 올릴 경우, 그런 상태를 가리키는 농구 용어-옮긴이
** Association for Professional Basketball Research Metrics를 가리키는 것으로, 선수의 기량을 파악하기 위해 경기를 계량화한 계산법-옮긴이
*** 공격 선수들이 수비 선수들을 따돌리기 위한 플레이 방법-옮긴이

느냐 마느냐를 가르곤 했다. 여기서 분석을 좀 더 한 결과 스킨십이 팀의 기량도 향상시켜준다는 사실을 알 수 있었다. 이런 결과는 우리가 실험 관찰에 임했던 경기에서 그 팀이 이겼는지, 그 팀이 프리시즌에서 얼마나 큰 기대를 받았는지 그리고 선수들의 연봉이 얼마인지 여부와는 상관이 없었다. 다른 사람에게 용기를 북돋고 힘을 주는 모든 일상적 행위 속에 권력은 자리했다.(원리 4)

우리가 발견한 두 번째 사실은 잠깐의 스킨십으로도 힘을 줄 수 있다는 것이다. 동료에게 용기와 안심을 주고 감사와 축하의 마음을 전하기 위해 스킨십을 많이 하는 선수들이 있는가 하면 그렇지 않은 선수들도 있었다. 용기를 북돋는 차원에서 동료와 스킨십을 많이 하는 선수들은 팀이 더 나은 기량을 발휘할 수 있도록 만들었다. 동료들과 가장 많은 스킨십을 한 선수로는 보스턴 셀틱스에서 활약했던 케빈 가넷을 들 수 있다. 가넷이 자유투를 할 때면, 몸을 앞으로 내밀어 자유투 사각 라인에 있는 동료 선수들과 그 짧은 시간 동안 두 차례 정도 주먹 인사를 했다. 그리고 중간에 멈추지 않고 한 발을 뒤로 빼면서, 자신의 뒤에서 수비를 준비 중인 동료 두 명과도 주먹 인사를 했다.

우리의 베스트 스킨십 상을 케빈 가넷이 수상하던 해, 셀틱스 팀의 모토는 '우분투Ubuntu'였다. 남아프리카에서 사용되는 윤리적 표현으로 이 장에서 언급한 네 가지 원리를 한마디로 정리해주는 멋진 말이다. 데스먼드 투투 주교는 우분투에 대해 이렇게 말했다.

"그것은 인간의 본질입니다. 나의 인간성은 당신의 인간성과 불가분의 관계로 서로 얽혀 있음을 말합니다. 나는 그렇게 속해 있기에 인간입니다. 우분투는 일체를 말하며, 연민을 말합니다. 우분투를 갖춘 인간은 기꺼이 상대를 살갑게 반기고 너그러운 마음으로 같이 나누는 사람입니다."

농구 경기장에서 우리가 관찰했던 스킨십엔 우분투의 요소가 깃들어 있었다. 그들의 스킨십은 다른 사람을 따뜻이 대하고 서로 돕고 긍정해주는 행위였다. 여기서 우리는 다른 사람에게 관심을 기울임으로써 권력을 유지한다는 얘기를 또 할 수 있을 것이다. 선수들의 스킨십은 팀의 사기를 높이고 팀을 하나로 만들었다. 눈에 잘 띄지 않고 슬며시 행해지는 너그러운 마음의 표현을 통해 우리는 동료들에게 힘을 북돋을 수 있었다.

이처럼 스킨십이 힘을 북돋는다는 사실을 통해 우리는 넓은 의미의 권력 원리를 떠올릴 수 있다. 즉 다른 사람에게 보상을 함으로써 우리는 권력을 유지할 수 있다는 것이다. 보상의 방식은 다양하다. 나눔과 희생과 긍정을 통해서, 가치를 인정하고 책임감을 부여하는 행위를 통해서 그리고 우리 일상에서 행해지는, 자연스러운 스킨십을 통해서, 우리는 권력을 유지할 수 있다. 고마움을 표현하는 것으로도 그렇게 할 수 있다. 이는 권력 유지에 관하여 우리가 다룰 또 하나의 원리다.

권력은 고마움의 표현으로 유지된다
—

경쟁, 사리사욕, 탐욕이라는 관점을 위대한 경제학자인 애덤 스미스와 결부시키는 사람들이 많다. 1776년에 출간된《국부론》에서 스미스는 노동 분업, 자본, 물물교환, 보이지 않는 손, 빈곤의 문제 등에 관한 이론을 정립했다. 그러나 그보다 17년 전에《도덕감정론》이라는 책을 출간했는데, 여기서 그는 강력한 사회 공동체를 만들기 위해 어떤 실천이 필요한가를 고민했다. 그보다 앞 세대의 데이비드 흄과 뒤 세대의 찰스 다윈처럼, 스미스는 연민이나 경외심 같은 도덕 감정을 중요하게 여겠다. 그는 이렇게 주장했다.

"고마움의 표현은 우리에게 부과된 선행 가운데 가장 신성한 의무일 것이다."

고마움의 표현은 남이 내게 베푼 것, 즉 다른 것과 바꿀 수 없는 신성하고 귀중한 것에 대해 고마워하는 것이다. 그렇게 베푼 것이 물건일 수도 있고 경험이나 기회일 수도 있다. 또는 삶의 조건이거나 사람 그 자체일 수도 있다. 무엇이 되었건 우리 자신의 행위나 의지만으로는 얻기 어려운 것들이다.

고마움에 관한 새로운 연구가 활발히 진행되고 있는데, 이런 연구를 통해 우리는 얼마만큼의 호의를 받으면 사람들이 고마움을 표하는지 알 수 있었다. 초기에 진행된 연구에서, 실험 참가자들로 하여금 9주 동안 매주 하루의 시간을 내어 다음과 같은 글귀를 읽고서 마음에 떠오르는 생각을 적게 하였다.

"살다 보면 우리가 고마움을 느끼게 되는, 크고 작은 여러 가지 일이 일어난다. 지난 한 주의 삶을 돌아보면서 고마움을 느꼈던 일을 다섯 가지 정도 적어본다."

이런 글쓰기 훈련을 통해 고마움에 대해 깊이 생각하게 된 실험 참가자들은 일상의 푸념만 적었던 사람들에 비해 훨씬 더 건강 상태도 좋고, 스트레스도 덜 받고, 열정을 갖고 삶을 향유하는 긍정성도 더 강하게 나타났다. 그리고 다른 사람에 대한 신뢰감과 너그러움이 더 커졌다. 이처럼 고마움은 우리에게 이롭다.

그런데 권력 유지는 이처럼 진정한 고마움의 마음을 밖으로 표출하는 데서 비롯한다. 공감이나 스킨십과 마찬가지로 고마움의 표현은 최대 선의 바탕이 될 사회적 상호작용을 만들어낸다. 다시 말해, 고마움을 표현하면 이익의 공유가 잠재적 위협과 사회적 스트레스보다 우위에 있게 되고, 오히려 잠재적 위협과 사회적 스트레스 덕에 사회연결망은 더욱 결속되며, 그로부터 권력 유지의 기반이 만들어질 것이다.

고마움의 표현은 인류 조상이 음식을 나누던 데서 유래했다. 침팬지는 아침나절에 자신을 그루밍 해준 침팬지와 자연스레 먹이를 나눈다. 그들은 먹이를 나눠준 데 대한 고마움의 의미로 그리고 앞으로 계속 그래주기를 바라는 마음으로 스킨십을 한다. 그루밍을 해준 대가로 먹이를 나눔으로써 침팬지들은 서로 돕는 연대를 만들어낸다. 이는 인간들 사이의 끈끈한 유대와 닮은 구석이 있다.

또한 우리는 스킨십을 통해 가장 기본적인 형태의 고마움을 표한다. 이 주장의 첫 번째 근거를 제공한 연구는 이렇게 진행되었다. 버클리 대학에 있는 우리 연구소로 서로 모르는 두 사람을 데려와서 커다란 칸막이가 있는 곳에 갈라놓았다. 둘은 손길 접촉 외에 다른 어떤 소통도 할 수 없었다. 손길이 닿기로 된 사람이 칸막이 구멍을 통해 손을 내밀고 무언가 기대감에 싸인 채 기다렸다. 칸막이 반대편의 사람에게 상대의 팔뚝을 살짝 건드릴 때마다 열두 가지의 감정을 각각 담아보라고 했다. 여기에는 고마움, 연민, 사랑의 감정도 있었다. 손길을 받는 사람에게는 손길이 닿을 때마다 그 손길에 어떤 감정이 실렸는지 짐작해보라고 했다. 감정을 전하는 사람이 고마움을 표현할 때 살짝 움켜쥐는 방식을 취했는데, 손길을 받은 사람은 대략 55퍼센트의 확률로 고마움의 손길이라는 것을 알아차렸다. 이는 사랑과 연민의 감정이 실린 손길이라는 것을 알아차린 확률─12분의 1, 즉 8.3퍼센트─보다 아주 높았다.

고마움을 표현하는 방법은 다양하다. 이메일을 쓰고, 눈을 마주치고, 허리를 굽혀 절을 하고, 포옹을 하는 방식이 있는가 하면, 상대의 말이 맞다며 공개적으로 인정해주는 방식도 있다. 스킨십과 마찬가지로 고마움의 표현엔 존중의 마음이 깃들어 있으며, 이는 우리 뇌에서 안전을 관장하는 부분과 보상계를 자극하고 스트레스를 관장하는 부분을 진정시킨다.

고마움을 표현함으로써 우리는 사회연결망 안에서 긴밀한 유대를 형성할 수 있다. 집단 형성 과정에서 개개인들이 고마움을 표현하다 보면, 몇 개월 뒤, 그 집단 안에서 개개인들 간의 유대는 더욱 긴밀해진다. 학교에서 학생들이 고마움의 마음을 갖도록 하고, 그 경험을 꾸준히 글로 쓰도록 지도하면, 학생들은 친구들과 더 사이좋게 지내고 학업에 더 충실하게 된다. 서로 인정하는 사회적 환경을 만듦으로써 사회에 기여할 수 있는 것이다. 우리 버클리 연구실에서 고마움과 관련한 연구를 진행할 때, 우리는 캠퍼스 커플들의 관계를 한 해 동안 추적 관찰했다. 학기 초에 우리는 그들이 대화를 나눌 때 고마움을 어느 정도 표현하는지 녹화했다. 그리고 6개월 뒤 그들이 여전히 사귀고 있는지를 확인했다. 대화에서 서로에게 고마움을 은근히 표현하던—예를 들어, 상대가 생각하는 바를 인정한다든가 또는 상대의 말에 고개를 끄덕여준다든가 하는 식으로—연인들은 6개월 뒤에도 계속 사귀고 있는 경우가 세 배나 높게 나왔다.

고마움을 밖으로 드러내는 것은 상대로 하여금 더 협조적이고 생산적인 행동을 하도록 만드는 하나의 수단이다. "고마움의 손길 효과"라는 것을 생각해보자. 실험자가 피실험자의 팔을 살갑게 건드리면, 피실험자가 서명 청원에 응하고 낯선 이를 도와줄 가능성이 더 높았다. 교사가 고마움의 표시로 학생들 등을 두드려주면, 그 학생이 자신감 있게 칠판 앞으로 나아가 어려운 문제도 풀어보려고 하는 빈도가 세 배에서 다섯 배 정도 더 높아졌다. 스킨십으로 이런 것이 가능하다면, 말로도 마찬가지다. 그 사례가 되는 한 연구에서 실험 참가자들은 실험자가 문서 편집 하는 것을 온라인상에서 도왔다. 실험자는 한 부류에게는 수고에 대한 고마움을 직접 표현했고, 다른 부류에게는 '고맙다'는 말이 들어가지 않은 정중한 내용의 문자를 보냈다. 감사의 인사를 받은 실험 참가자들 가운데 66퍼센트가 다음 작업에서도 실험자를 도왔다. 반면, 감사의 인사를 받지 못한 실험 참가자들의 경우엔 그 비율이 32퍼센트였다.

고마움을 표현하면 사회연결망 안에서 전염성이 있는 선의를 불러일으킨다. 고마움에는 전염성이 있고 상대의 용기를 북돋는 특성이 있는데, 최근 이 문제를 다룬 탁월한 한 연구에서 실험 참가자들에게 컴퓨터로 어떤 과업을 수행하라고 했다. 그런데 컴퓨터가 다운되면서 과업을 제 시간에 맞출 수 없게 되었다. 갑자기 주변에 있던 한 참가자(실은 실험자 가운데 한 사람)가 첫 번째 참가자를 도와주겠다며 나서더니 컴퓨터를 고쳤다. 그 덕에 첫 번째 참가자는 과업을 마치고 고마운 마음을 안고 실험실을 나설 수 있었다. 잠시 뒤, 고마운 마음을 품고 있던 참가자는 도움이 필요한 어떤 낯선 사람을 만나게 되었다. 그 참가자는 기꺼이 도와주려고 나섰고 그 낯선 사람에게 필요한 도움을 제공했다.

사실, 고마움을 표현하는 것은 가장 신성한 덕목 가운데 하나다. 스킨십과 말 그리고 상대를 인정해주며 용기를 북돋는 행위에 깃든 고마움은 권력을 유지할 수 있는 하나의 일상적 토대가 된다.

권력은 모두를 하나로 묶는 스토리텔링으로 유지된다
—

일리노이에서 어린 시절을 보낸 에이브러햄 링컨이 힘을 갖게 된 이유는 인물이 좋아서도 아니요 집안이 좋아서도 아니다. 가난한 집 출신에 행색은 초라하고 교육도 제대로 받지 못했으니 고상함과는 거리가 멀었다. 그리고 키가 2미터 가까이 되는 그는 멀대 같았다. 하지만 그는 영감이 넘치는 연설과 품위 있는 수사학, 즉 사람들을 하나로 묶는 말의 힘을 통해, 미국이 노예제를 폐기하고 새로운 길로 나아가는 데 기여했다.

그는 이야기를 좋아했다. 때만 되면 링컨의 아버지는 서부를 다녀온 개척자들을 일리노이의 작은 집으로 초대했고, 모인 사람들은 서부 여행과 초원의 생활에 관한 생생한 이야기들을 들려주었다. 꽤 오랫동안 링컨은 일리노이의 작은 마을들을 돌아다니며 사람들을 모아놓고 최근 진행되는 재판 소식을 전했다. 그것으로 그는 일종의 풀뿌리 네트워크와 유명세를 구축했다. 이런 경험을 통해 링컨은 스토리텔링 능력을 연마할 수 있었고, 이는 자금 동원력과 지명도가 훨씬 더 큰 다른 공화당 후보 지원자들을 압도할 수 있는 그만의 장점이 되었다. 그리고 그가 대통령이 되었을 때, 골치 아픈 정쟁을 다루는 데 도움이 되었다.

스토리텔링은 권력을 유지하는 한 방편이다. 이 점을 과학적으로 규명하기 위해 나는 오색 낙엽이 거리를 물들이던 10월의 어느 주말을 이용하여 한 남학생 사교클럽 전체를 위스콘신에 있는 내 실험실로 불러들였다. 대신 그들을 위해서는 그들이 원하는 자선단체에 기부를 하기로 했다. 클럽 회원들인 "브라더"는 네 명씩 조를 짜고 찾아왔다. 각각 네 명으로 이루어진 조에서 두 명은 가입한지 얼마 되지 않은 "서약" 회원이었고, 다른 두 명은 "활동" 회원이었다. "활동" 회원은 고참이라는 이유로 더 많은 권력을 누리는 클럽의 장기 회원이었다.

여기서 내가 주목한 것은 스토리텔링의 형식을 띤 악의 없는 놀림이었다. 사람들은 스토리텔링을 통해 집단생활의 갈등을 조정하는데, 그 스토리텔링은 집단을 결속하는 사회적 규율에 대한 믿음을 간접적으로 표현한 것이다. 네 명의 클럽 학생들이 서로 놀릴 수 있도록 나는 각 학생에게 A.D., T.J., H.F., L.I. 같은 임의의 머리글자를 나눠주었다. 그리고 그 글자를 가지고 친구의 별명을 지은 다음에 진짜든 아니면 지어서든 그 별명을 붙여준 이유를 이야기 해보라고 했다. 머리글자를 가지고 만든 별명들을 보면 애널 덕, 터키 저크, 휴먼 플라이, 하이퍼 페처, 리틀 임포텐 등이다. 예상했듯이 젊은 사람들의 짓궂음이 잘 드러나는 것들이었다. 각각 그 이유를 말하며 놀리는 행위는 약 45초 동안 진행되었지만, 친구의 음담패설 이야기에 웃고, 손가락질하고, 고개를 절레절레 흔들고, 어깨를 두드리고, 나중에 두고 보자는 둥의 한바탕 소란이 일어났다.

그 이듬해 나는 그때의 영상을 한 프레임씩 분석하면서 그렇게 놀리는 행위들을 144가지로 분류했다. 나는 그 별명이 얼마나 풍부한 상상력의 소산인지 그리고 그런 별명을 붙인 이유가 얼마나 황당무계한지의 관점에서 그들의 장난과 그 속의 핵심 요소를 분석해 들어갔다. 나는 번외의 장난—비언어적인 것들이지만, 놀리는 행위라고 볼 수 있는—도 분류에 넣었다. 예를 들어, 과장된 얼굴 표정, 장난기 가득한 목소리, 경망스러운 행동(미리 짠 듯한 웃음, 윙크 같은) 등이다. 나는 이것들을 종합하여 각 실험 참가자의 스토리텔링 능력을 가늠하는 지표로 삼았다. 그리고 이 지표와 각 참가자가 다른 회원들로부터 받은 회장 후보 추천 횟수(이에 대한 정보를 나는 참가자들이 실험실에 오기 전에 미리 확보했다)의 관계를 살펴보았다. 추천 횟수를 통해 나는 어떤 서약 회원들이 긍정적 평판이라는 이름으로 권력 유지의 길에 들어섰는지 알 수 있었다.(원리 6과 7) 놀림에는 스토리텔링이 수반되었다. 그 짓궂음은 상상력이 넘치고 기발했지만, 그 안에는 장난이라는 것을 암시하는 번외의 표식들이 있었다.

이런 기본적 사실—좋은 스토리텔링이 권력을 유지할 수 있도록 해준다는 것—은 여러 연구에서 거듭 나타난다. 기숙사 내 평판의 문제를 다룬 한 연구(2장에서 다뤘던)에서 실험자들은 버클리 학부 학생들에게 지난주 기숙사에서 일어난 일 가운데 재미있었던 일이 무엇인지 물었다. (다른 친구들로부터) 인기 있고 인정을 받는 학생일수록 제3자가 보기엔 다른 기숙사 친구들을 노골적으로 민망하게 만드는 게 아닌가 싶은 자극적인 이야기들을 했다. 여학생 클럽의 뒷말을 분석할 때, 다른 친구들에 대한 소소한 이야기를 해달라고 했더니 자극적이고 신랄한 이야기들을 더 많이 꺼낸 이들은 배경도 좋고 주변에서 인정도 받는 그런 이생들이었다.

스토리텔링을 잘한다는 것은 청소년들 사이에서도 권력의 기초다. 몇 해 전, 나는 여름방학 농구 캠프에서 아이들이 스토리텔링이라는 다소 낯선 방식에 참여할 수 있는 자리를 만든 적이 있었다. 열 살에서 열네 살 사이의 캠프 참가 청소년들이 체육관에서 다양한 높이의 농구 골대에서 아침 훈련을 하던 어느 날이었다. 훈련 중에는 압력솥 훈련(실은 우리의 실험이다)이라는 것이 있었다. 4.5미터 거리에서 한 사람당 한 번씩 공을 던져 승부를 결정짓는 승부투 훈련이었다. 아이들에게는 압박을 받는 상황에서도 공을 잘 던질 수 있도록 하는 훈련이라고 설명했다. 공을 던질 때, 근처에 서 있는 한 "관중"(캠프 참가 학생)이 야유를 하기로 했다. 선수가 공을 제대로 던지지 못하도록 그 관중은 10초 동안 온갖 방법으로 야유—비속어는 제외하고—를 퍼부을 수 있었다. 세계 어디를 가든 상대편 선수를 야유하는 관중이 있듯이 이 학생 관중도 야유를 퍼부었다. 야유를 하고, 얼굴을 찡그리고, 깡충깡충 뛰고, 고래고래 소리를 지르고, 과격하게 팔을 휘둘렀다. 야유를 할 때, 언어유희의 온갖 비유—반복법("삑사리, 사리, 사리!"), 과장법("죽어도 못 넣을걸!"), 은유법("튕겨내라!")—를 사용하는가 하면, 이상한 얼굴 표정이나 원숭이 흉내를 냈다. 인기도 많고 코치도 인정하는 학생일수록 좋은 스토리텔링의 요소라고 할 수 있는 장난기 가득한 재미있는 방법으로 야유를 했다.

스토리텔링이 좋으면 권력 유지에 도움이 된다. 그 이유는 이제 우리가 충분히 짐작할 수 있다. 즉 좋은 스토리텔링은 다른 사람의 이익을 도모하고 집단생활의 스트레스를 덜어주기 때문이다. 즐거움과 경쾌함 그리고 웃음을 자아내게 함으로써 최대 선을 증진시킨다. 이처럼 도파민이 풍부하게 분비될 수 있는 이런 경험들을 통해 우리는 사회연결망에서 깊은 유대를 맺을 수 있다(원리 5). 예를 들어, 남학생 클럽에서 벌어지는 장난을 대상으로 한 연구를 보면, 인기가 있는 "서약" 회원들이 웃긴 장난을 칠수록 더 큰 웃음을 자아냈다. 그리고 연구 말미에는 같이 웃는 모습을 보는 것만으로도 네 명이 한 조를 이룬 남학생 클럽 회원들이 서로 얼마나 친한지를 가늠할 수 있었다. 웃음이 번지고 흥을 나눌 때 개개인은 공동의 목적을 향해 하나가 될 수 있었다.

재미있는 이야기는 집단생활에서 불가피하게 나타나는 일상의 갈등을 이해하고 완화하는 역할을 한다. 경쟁, 불화, 의도의 충돌, 가치의 대립 등을 두고 재미있는 이야기를 한다는 것은 그것을 한정된 시공간 안에 집어넣어 그것과 거리를 둔다는 말이다. 조직 내에서 생산성이 높은 부서를 보면 이런 장난들을 많이 한다. 해당 부서의 구성원들은 서로의 기벽과 일탈적 성향을 놀림감으로 삼긴 하지만, '실수는 인간적인 것'이라는 오래된 지혜와 같이 구성원들을 결속하는 사회적 규범에서 벗어나지 않는다.

재미있는 이야기는 살면서 겪는 복잡다단한 문제와 스트레스를 견딜 수 있도록 해주는 강력한 도구다. 수십 년에 걸쳐 이 문제를 다룬 한 연구에서는 스트레스나 트라우마를 겪는 실험 참가자들—시험 스트레스를 받는 학생, 이혼소송 중인 부부, 암이나 에이즈 진단을 받은 개인, 최근 가족을 떠나보낸 사람 등—을 추적 조사했다. 실험 참가자들은 그 상황을 사실대로 묘사하거나 아니면 스트레스 상황에서 비롯된 심란한 상태를 이야기로 풀어냈다. 다양한 방식으로 측정할 결과, 마음에 깊은 상처를 남긴 일에 대해 그 심정을 이야기로 풀어내는 것이 있었던 사실을 담담히 묘사하는 것보다 훨씬 더 이로웠다. 스트레스와 불안 그리고 우울증의 정도가 완화되었던 것이다. 학생들의 경우엔 성적이 올랐다. 그리고 불치병에 걸린 사람들의 경우엔 살해 T세포killer T cell•가 증가하고 건강 상태가 호전됐다.

이야기를 통해 우리는 우리가 세상에 기여하려는 것이 무엇인지를 깨닫는다. 자기 정체성과 인생의 목적이란 살면서 펼치는 한 편의 대하소설이다. 우리 삶의 주요 인물들—어머니, 아버지, 형제, 친구, 연인, 적, 교사, 조력자 등—이 끊임없이 등장하고, 주요 배경들—어릴 때 살던 동네, 평화 봉사단으로 활동했던 아프리카의 지역, 코넬에서 시작한 대학 생활, 군인 가족으로 세계 이곳저곳을 다닌 것 등—도 끊임없이 펼쳐진다. 이런 이야기 속에서 갈등과 좌절—부모와의 불화, 연적의 존재, 자매와의 소원한 관계, 업무 프로젝트 불발 등—은 필수 요소다. 그리고 이야기를 전개시키는 것은 극적 행위와 반전—조실부모, 대입 합격, 배우자의 외도, 참전, 위험한 금융상품에서의 손실

• 면역 활동을 주로 담당하는 세포 가운데 하나로, 병원체에 감염된 세포를 죽인다고 해서 붙은 이름—옮긴이

등—이다. 그리고 이야기에는 위대한 정념—정의에 대한 열정, 남을 도우려는 갈망, 초월에의 추구, 권력 지향, 창의성 등—에 관한 주제도 등장한다.

명료한 플롯과 인물과 주제를 가지고 정념을 적재적소에 잘 분배하면서 자신의 삶에 대해 일관된 이야기를 할 수 있는 사람은 신체적으로 더 건강할 뿐만 아니라, 왜 사는가에 대한 목적의식도 좀 더 분명히 갖추고 있다. 우리의 이야기가 서사 차원에서 일관성이 있고 다른 사람에게 용기도 줄 수 있는 것이라면, 우리는 비슷한 목표를 향해 나아갈 수 있도록 그들에게 힘을 실어줄 수 있다.

| 관심의 끈을 놓치는 것과 권력 남용 |

이 장에서 우리가 살펴본 네 가지 실천 사항—연민, 나눔, 고마움의 표현, 스토리텔링—은 모든 사회적 상호작용 안에 존재한다. 친구들과 운동장에서 게임을 하는 자리에서든, 아니면 회의실에서 격렬한 논쟁을 벌이는 자리에서든 이는 권력을 유지하는 방편이다. 권력 유지를 한마디로 정리하자면, 다른 사람에 대한 관심을 놓지 않는 것이다.

그러나 권력 DNA엔 삭은 유혹이 자리하고 있다. 긍정의 감정이 벅차게 솟아오르고 무한한 기회가 자신에게 주어진 것만 같다. 그리하여 보상, 성취, 희열 같은 것에만 관심이 간다. 권력과 결부된 이런 감정들이 강화될수록, 우리의 관심은 타인에게서 자기 안의 삭고 요란한 목소리로 옮아가게 된다. 그 목소리는 자기만족을 위한 욕구에 안달내며 권력 남용으로 전락하는 소리다.

권력 역설은 어렴풋이 나타나 아무런 제지도 받지 않고 순식간에 일상의 상호작용 속으로 스며든다. 권력의 맛을 보면 다른 사람에 대한 관심은 줄고 금세 권력 남용으로 넘어간다. 다른 사람과 공감하지 못하여 사람들의 생각과 감정을 알 수 없게 된다. 나눠주기보다 자기가 먼저 취한다. 과할 때가 많고 굳이 필요하지 않는 데도 취하고 본다. 고마움을 표현함으로써 다른 사람을 인정하기보다 무례함으로 다른 사람을 무력화시킨다. 보편적 인간성에 대한 스토리텔링으로 사람들과 하나가 되기보다 자기만 잘났다는 식의 거만한 서사를 통해 그들을 얕잡아 보고 거리를 둔다.

FOUR

권력 남용

권력 남용

"내가 사랑을 받는 것보다 사람들이 나를 두려워하는 것이 더 낫다"라는 마키아벨리의 말이 권력과 관련하여 가장 널리 알려진 금언이라면, "권력은 부패하기 쉽고, 절대 권력은 절대 부패한다"는 액튼 경의 말은 그에 버금가는 금언일 것이다.

액튼 경의 주장은 그간 수많은 과학적 연구들을 통해 검증을 받은 바다. 이런 연구들을 통해 우리는 권력의 짧은 부침이 우리의 사고와 행동에 어떤 영향을 미치며, 재산과 명예와 학벌이라는 특권 배경이 우리의 사회적 행위에 어떤 영향을 미치는지 그 자료를 수집하고 결론을 도출했다. 이치는 자명했다. 권력을 유지할 수 있도록 해주는 다른 사람에 대한 관심의 끈을 놓치면(원리 9에서 12까지), 액튼 경의 주장이 그대로 들어맞았다. 권력에 취한 이는 식생활과 성생활에 절제가 없고, 교통법규를 무시하고, 거짓과 속임수를 일삼으며, 가게에서 물건을 훔치거나 아이들 사탕을 뺏기도 한다. 그리고 말을 해도 저속하고 불경하고 무례하다. 실로 절대 권력은 절대 부패한다. 권력 맛을 보면 처음 그 권력을 쥘 수 있도록 만들어준 자신의 능력을 훼손하게 된다.

이런 연구 결과를 보면서, 우리는 권력 역설의 충격을 적지 않게 받는다. 우리로 하여금 권력을 잡을 수 있도록 해준 바로 그 행위가, 우리가 권력을 행사할 때는 가뭇없이 사라지는 것이다. 공감을 통해 우리는 권력을 얻고 그것을 유지했지만, 권력을 행사하면서 다른 사람에 대한 관심의 끈을 놓는다. 나눔을 통해 우리는 권력을 얻고 그것을 유지하였지만, 권력을 자각하면서 탐욕스러운 자기만족적 행위를 한다. 고마움을 표현하며 다른 사람을 존중하는 것은 권력을 유지하는데 핵심이지만, 한번 권력을 자각하면 무례하고 공격적이 된다. 사람들을 한데 엮어주는 스토리텔링을 통해 우리는 권력 유지의 기반을 다질 수 있었으나, 한번 권력을 자각하면 스토리텔링은 분열을 조장하고 품위를 떨어뜨리는 것이 된다. 권력 남용에 쉬 빠지는 이들이 꼭 독재자란 법도, 권력에 미친 정치가란 법도, 거대 금융 재벌이라는 법도, 마약중독에 빠진 록스타란 법도 없다. 권력 역설은 때를 가리지 않고 어느 누구의 사회적 삶이든 흔들어놓을 수 있다. 일을 할 때건, 친구와 놀러 나갔을 때건, 낯선 이를 만날 때건, 또는 아이들과 함께 있을 때건 우리로 하여금 존경과 인정을 받을 수 있도록 해준 바로 그 능력이, 우리가 권력을 자각하는 순간 부패한다.

집단은 '집합적 과정'을 통해 개별자에게 권력을 부여하는데, 권력 남용은 이 집합적 과정에 의해 제어되지 않는 절대 권력 상태를 말한다(원리 6, 7, 8). 권력을 가진 이가 평판에 신경을 쓰고, 격조를 추구하며, 뒷말이 날까 저어한다면, 그들은 기꺼이 감시와 비판의 대상이 되고자 하며, 자신의 결정과 행위에 책임을 지려 하고, 권력 남용에 빠지지 않을 수 있다.

권력을 절대화하면 우리는 권력 역설에 하릴없는 처지가 된다. 우리 관심은 제한된 자원이다. 자기에게만 관심을 두면 다른 사람에 대한 관심의 끈을 놓칠 수밖에 없다. 지금 자기 감정만 우선시한다면, 다른 사람의 감정에 대해서는 막연해진다. 자기 이익에만 관심을 쏟는다면, 다른 사람의 이해관계에 대해서는 잘 헤아리지 못하게 된다. 오로지 내 입장만 생각한다면, 그 상황에서 다른 사람은 어떻게 생각할지 잘 알아차리지 못하게 된다.

권력을 가지면 다른 사람에게 의지할 필요를 느끼지 못하므

로 관심을 다른 사람에게서 자신의 목표와 욕망으로 돌리게
된다. 이렇게 관심을 돌리기만 해도 우리가 권력을 얻고 유지
할 수 있도록 해준 사회적 실천에서 우리는 멀어진다.

권력 남용은 다음 네 가지 방식으로 진행된다.

권력 남용

원리 13 — 권력 남용은 공감 결여와 도덕적 감정의 해이를 야기한다.

원리 14 — 권력 남용은 제 잇속만 차리려는 충동을 일으킨다.

원리 15 — 권력 남용은 무례와 안하무인을 촉발한다.

원리 16 — 권력 남용은 우리를 '내로남불'에 빠지게 한다.

절대 권력의 첫 희생물은 권력 유지의 토대라 할 수 있는, 다른
사람에 대한 관심이다(원리 9). 절대 권력의 맛을 보게 되면 우
리의 관심은 제 잇속과 욕망을 향하고, 다른 사람의 생각과 감
정을 헤아리는 공감 능력은 떨어진다. 공감 능력이 줄어들면,
거기에 바탕을 둔 도덕적 감정—타인의 고통에 마음을 쓰고(연
민), 타인이 나눠준 것에 감동하고(고마움), 타인이 보여준 선의에 벅
찬 감정을 느끼는(고양) 능력—도 약화된다. 권력은 공감과 도덕
적 감정을 약화시킬 수 있다(원리 13).

공감, 연민, 고마움, 고양은 서로 나누고 도우며 남을 배려하기 위한 기본 동기이자 권력 유지의 지름길이다(원리 5, 9, 12). 예로부터 내려오는 삶의 나침반인 이런 도덕적 감정을 갖추지 못한 상태에서 자신에게 권력이 있다는 것을 안다면, 우리의 행동은 최대 선보다 자기에게 맞춰진다. 권력은 충동적으로 제 잇속만 차리는 행동을 하게 만든다(원리 14).

　다음으로 살펴볼 권력 남용은 좀 더 교묘하다. 권력 유지의 핵심이라고 할 수 있는 일상의 예의범절과 공경심을 지키지 않는 것이다(원리 11). 〈다운튼 애비〉 같은 BBC 드라마나 제인 오스틴 소설을 보면, 권력과 특권을 지닌 사람들이 예의범절을 세련되게 수행하는 사람으로 묘사된다. 그들은 품위 있는 행동으로 '노블레스 오블리쥬'라는 윤리적 규범을 수행하며, 아랫사람들을 존중하는 너그러운 행동으로 품위를 지켜나간다. 그러나 과학적 연구에 따르면 이런 이미지는 잘못된 것이다. 공감과 도덕적 감정이 엷어지고 제 잇속만 차리려는 충동이 만연할 때, 안하무인의 무례와 거만을 보이면서 문명 사회의 신뢰와 결속을 훼손하는 야만적 주체는 바로 권력을 가진 그들이다(원리 15).

　권력의 추가 살짝만 이동해도 사람들은 최대 선을 훼손하는 방향으로 행동할 여지가 있다. 그런데 인간이란 존재는 자신의 도덕적 결함을 변명하는 데도 탁월하다. 인류의 타고난 재능이라고 할 수 있다. 권력 기반을 다지고 부를 축적한 이들은 높아진 자신들의 지위와 절대 권력에서 파생되는 권력 남용을 스토리텔링으로 정당화한다. 권력은 참으로 대단한 것이라는 이야기와 심지어 생물학 차원에서 정상에 오르지 못한 이들과 비교하여 자신은 이미 날 때부터 달랐다는 식의 이야기로 자신을 정당화한다. 권력을 가진 이들은 자신이 남들과 다르다는, '내로남불' 식 태도로 자신들은 일반인들을 위한 법의 적용을 받지 않으며, 자신들은 더 큰 몫의 파이를 가질 자격이 있다는 생각을 퍼뜨린다(원리 16).

권력 남용이 수반되면, 권력 역설은 절정에 이른다. 우리로 하여금 권력을 얻고 유지할 수 있도록 만들어준 바로 그 원리들은, 우리가 권력을 행사하기 시작하면 온데간데없다. 권력은 우리가 세상에 기여하는 데 필요한 바로 그 덕목을 훼손하면서 이내 스스로 몰락한다.

권력 남용은 공감 결여와 도덕적 감정의 해이를 야기한다

—

공감이란 다른 사람의 생각과 감정을 헤아리는 것이며, 천억 개의 뉴런이 무한 조합으로 연결된 1400그램짜리 물질 덩어리인 사람의 뇌리에서 일어나는 미세한 생각과 감정을 읽어내는 것이다. 그래도 공감은 그만한 가치가 있는 행위다. 권력을 유지할 수 있도록 해주는 여러 사회적 실천들—다른 사람의 감정을 헤아리기, 귀를 기울이기 등(원리 9, 10, 11, 12)—과 더불어 우리로 하여금 권력을 얻을 수 있도록 해주는 행동들(원리 5)의 동기가 바로 공감이기 때문이다.

공감을 얻기 위해서는 어떤 특정한 행위를 해야 한다. 그리고 그 행위들은 서로 얼굴을 맞댄 상호작용 안에서 이루어져야 한다. 우리는 다른 사람의 얼굴 표정, 어조, 몸동작, 시선의 움직임을 주시하고 귀 기울여야 한다. 우리는 다른 사람의 몸짓과 자세에 호응함으로써 그의 행위에 신체적으로 반응해야 한다. 그렇게 하면 상대방의 마음을 헤아릴 수 있는 여지가 더 커지기 때문이다. 우리는 다른 사람이 무슨 생각을 하는지 좀더 능동적으로 주의를 기울일 필요가 있다. 그리고 우리 자신도 연루된 상황을 그가 어떻게 바라보는지 역지사지의 심정으

로 헤아릴 필요가 있다. 자기중심적 관점에서 벗어나 보는 것도 공감 능력을 키우는 데 도움이 되기 때문이다. 그런데 권력과 부는 이처럼 얼굴을 맞댄 모든 사회적 실천을 훼손한다.

이런 주제를 처음 다룬 한 연구에서 나는 권력의 일시적 이동이 다른 사람의 유의미한 행동을 주의 깊게 살피는 능력을 약화시키는가를 살폈다. 먼저 실험 참가자들에게 열두 단짜리 사다리 그림을 제시했다.

그런 뒤 일부 참가자들에겐 미국에서 가장 권력이 세고 부유하고 명성이 자자한 사람들을 잠시 떠올려보라고 했고, 또 다른 참가자들에겐 재산도 교육도 명성도 보잘 것 없는 사람들—극빈자, 실업자, 홈리스—을 잠시 떠올려보라고 했다.

그 짧은 순간에, 참가자들은 머릿속에 떠올리는 대상과 자신의 처지를 자연스레 비교했다. 이제 참가자들에게 사다리에서 자신의 사회적 위치라고 생각되는 단계에 ×표를 하라고 했다. 고등교육을 받은 사람과 부자와 명망가를 생각했던 사람들은 사다리 아래쪽에 ×표를 했고, 행운을 타고나지 못한 이들을 생각했던 사람들은 위쪽에 ×표를 했다. 상위 계층과 하위 계층에 있는 사람들과 비교하여 자신에 대한 관점을 살짝 이동하기만 해도 자신이 지닌 권력을 자각하는 데 큰 차이를 보였다.

사다리 테스트로 자신이 가진 권력에 대해 상대적 판단을 내린 다음, 실험 참가자들은 공감 능력을 측정하는데 널리 사용되는 테스트를 받았다. 이 테스트는 미묘한 표정에 주의를 기울이게 함으로써 다른 사람의 감정을 얼마나 잘 헤아리는가를 보는 것이다. 그들에게 눈가의 근육을 통해 특정한 감정을 담고 있는 얼굴 사진들을 보여준다. 사진마다 네 개의 낱말을 주고 사진에 나타난 감정을 잘 표현하고 있는 낱말을 고르게 한다.

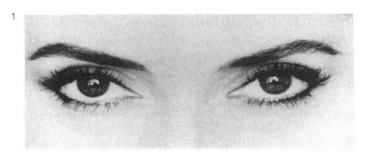

결단력 있는 / 재미있는 / 겁에 질린 / 지루한

짜증 난 / 적대적인 / 충격받은 / 걱정에 사로잡힌

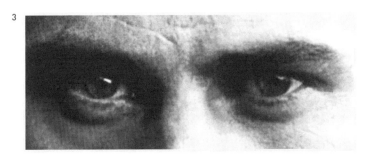

농담하는 / 고집하는 / 재미있는 / 느긋한

1. 결단력 있는 2. 걱정에 사로잡힌 3. 고집하는

다른 실험에서와 마찬가지로 여기서 알 수 있는 것은, 권력에 대한 자각이 참가자들의 공감 능력을 떨어뜨린다는 것이다. 이 실험에서 사람들의 평균 정답률은 70퍼센트다. 사다리 실험을 통해 불운한 사람들과 비교하여 자신에게 더 권력이 있다는 것을 자각한 사람들은 공감 실험에서 낮은 점수를 기록했다.

권력에 대한 자각이 다른 사람으로부터 그 관심을 돌리게 한다면, 우리는 그들의 감정을 제대로 읽어낼 수 있는 능력을 잃는다. 그런데 이 능력은 다른 사람들로부터 우리가 인정받고 대접받을 수 있는 기반이 되는 것이다. 결국 우리는 다른 사람이 어떻게 느끼는가에 대한 귀중한 정보를 놓치기 시작한다. 이 정보는 일에서 서로 돕고, 내밀한 관계에서 서로를 믿고, 친구와의 관계에서 스스럼없고 그리고 자식과의 관계에서 건설적이고자 할 때 무엇보다 중요한 것이다.

공감에서 두 번째로 중요한 초석은 따라 하는 능력이다. 따라 하기는 인간의 본능이다. 다른 사람이 웃으며 웃고, 다른 사람이 편하게 있으면 우리도 편하게 자세를 취하며, 다른 사람이 미소를 지으면 같이 미소를 짓는다. 친구가 얼굴을 붉히면 따라 붉히고, 사람들이 눈물을 보이면 같이 울거나 울컥한 마음이 된다. 이 본능은 다른 사람의 생각과 감정을 헤아릴 수 있는 기반을 제공한다. 다른 사람과 비슷한 방식으로 행동하면, 내가 그렇게 따라 한 행동에서 비롯된 감정에 내 마음은 움직이고, 그리하여 다른 사람의 생각과 감정을 더 잘 헤아릴 수 있기 때문이다. 부끄러움에 고개를 떨군 채 어깨를 오므리고 움츠린 자세를 취한 친구의 모습을 따라 함으로써 나는 그의 내면을 더 잘 이해할 수 있다. 그런데 권력은 이렇게 따라 하는 능력을 약화시킨다.

한 실험에서는 실험 참가자들에게 자신에게 권력이 있었다고 느낀 순간과 그렇지 않은 순간에 대해 생각해보라고 했다. 그러는 동안, 참가자들에게 고무공을 쥔 실험자의 손을 찍은 영상을 보여주었다. 참가자들이 영상을 볼 때, 그들이 볼을 쥐는 행동을 따라 하는지 손 근육 주변의 전기신호를 측정하여 기록했다. 권력이 약해졌다고 느끼는 참가자들의 손 근육에서는 강한 신호가 잡혔다. 그들은 다른 사람이 공을 쥐는 모습을 반사적으로 따라 한 것이었다. 그러나 권력이 강해졌다고 느끼는 사람에게서는 따라 하는 기미—손 근육의 전기적 활동—가 보이지 않았다.

이처럼 다른 사람을 따라 하는 기능이 멈추면 거기엔 사회

비용이 따른다. 따라 한다는 것은 다른 사람을 존중한다는 신호이며, 그들과 믿음을 쌓는 것이기 때문이다. 다른 사람의 비언어적 행위를 따라 하는 것은 선생과 학생, 의사와 환자, 직장 동료, 친구들, 연인들 사이에서 남다른 지지와 신뢰를 보내는 것이며, 서로 진심으로 힘을 합한다는 말이다. 이처럼 권력은 다른 사람과 함께하는 상호작용과 공감 능력을 위한 초석을 훼손한다.

그리고 또 다른 연구에 따르면, 권력의 한 형태인 사회 계급은 공감의 세 번째 초석을 훼손한다. 세 번째 초석이란 다른 사람이 자신의 경험을 말할 때, 사람들이 취하는 능동적 사고를 말한다. 이는 공감을 관장하는 우리 뇌의 부위가 어떻게 활성화되는가를 보면 알 수 있다. 먼저 연구자들은 집안의 재산 규모, 부모의 교육 수준, 명망 있는 직업을 가지고 실험 참가자들의 계급적 배경을 확인했다. 그것을 보면 참가자가 자신에게 얼마만 한 권력이 있다고 생각하는지를 가늠할 수 있기 때문이다. 상류층 참가자들과 하류층 참가자들에게 같은 학교에 다니고 동일한 성별인 한 학생이 쓴 1인칭 시점의 개인적 경험담 두 편을 읽게 했다.

하나는 학기 초의 기분을 담은 글이었고, 다른 하나는 점심을 먹으러 갔던 최근의 경험을 쓴 글이었다. 다른 사람의 일상적 경험에 관심을 기울이면 다른 사람의 생각과 감정을 이해할 수 있도록 해주는, 대뇌피질에서 공감을 관장하는 신경망이 활성화된다. 이 부위는 다른 사람의 감정을 상상하고, 그들의 생각과 의도를 헤아리며, 더 나아가 그들의 행동에 호응하는 능력을 관장한다. 하류층 학생들의 경우엔 다른 학생의 경험담을 읽으면서 공감의 신경망이 활성화되었다. 그러나 상류층 학생들은 그렇지 않았다. 공감의 신경망이 별 반응을 보이지 않았다. 결국 부와 교육과 명예로 정의되는 상류층 집안 학생들은 권력을 획득하고 유지하는 데 필요한, 다른 사람의 생각과 감정을 헤아리는 능력을 상실한다.(원리 9)

공감에 이르는, 그러나 마찬가지로 권력에 의해 타락할 수 있는, 마지막 초석은 역지사지다. '다른 사람의 신발을 신고 1마일을 걸어보고', '다른 사람의 눈으로 세상을 바라보라' 라는, 예부터 내려오는 윤리 규범의 핵심이다. 자신의 관점과 다른 사람의 관점을 유연하게 번갈아 들 수 있다면, 우리는 문제를 좀 더 철저히 해결하고, 혁신을 더 강화하고, 더 생산적인 논의를 할 수 있다. 그리고 법리적 추론도 좀 더 정교하게 하고, 정치적 담론도 좀 더 효과적으로 할 수 있다. 하나의 문제에 대해서 다양한 관점을 취할 수 있다면, 우리는 새로운 정보와 통찰력을 얻을 수 있고, 그리하여 좀 더 정교한 해결책을 이끌어낼 수 있다. 그러나 공감의 마지막 초석—역지사지—도 권력에 의해 훼손된다.

실례가 되는 한 연구에서 한 참가자들에겐 자신이 다른 사람을 좌지우지할 수 있던 때를 떠올려 자신에게 권력이 있음을 느끼게 했고, 다른 참가자들에겐 다른 사람에 의해 지배당하던 때를 떠올려 자신에게 권력이 없음을 느끼게 했다. 그런 다음, 이들에게 간단한 역지사지 테스트를 수행하도록 했다. 앞에 앉은 상대가 쉽게 읽을 수 있도록 이마에 E자를 써넣는 과제였다. 그렇게 하려면 기존에 쓰던 것과는 반대로 E자를 써야 했다.

자신에게 권력이 없다고 느끼는 사람은 자기중심적 습관을 버리는 데 큰 어려움이 없었기에 다음 쪽 그림에서 보듯 상대의 시점에 맞춰 E를 썼다. 반면, 자신에게 권력이 있다고 느끼는 사람은 역지사지 테스트에서 실패할 확률이 세 배 이상 높았다. 권력이 자기중심적 관점으로부터 관점이 이동하는 것을 방해한 것이다. 그렇게 되면 권력을 유지하는 데 문제가 생긴다.

공감이 결여되면 대가가 따른다. 다른 사람의 지혜로부터 이로움을 취할 줄도 모르고, 다른 사람에게 신뢰감을 불러일으켜 존중을 받기도 어렵다.(원리 7) 그리고 연민, 고마움, 고양의 감정을 경험하기도 쉽지 않다. 이와 같은 도덕적 감정은 본디 다른 사람에 대한 관심에서 비롯하기 때문이다. 다른 사람의 곤경을 헤아릴 때 연민의 감정이, 다른 사람의 너그러운 행위에 고마움을 느낀다. 우리가 영감에 차서 마음이 고양되고자 한다면, 사람들이 우리에게 영감을 불어넣는 너그럽고, 고귀하고, 능숙한 행위를 하도록 만드는 그의 내면을 헤아릴 줄

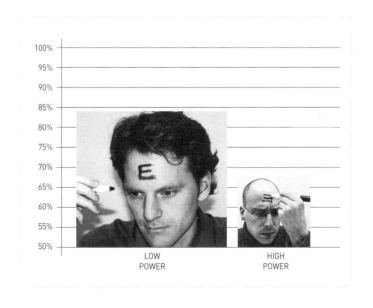

알아야 한다. 공감하는 바가 없으면 권력을 유지하고 세상에 기여할 수 있는 가능성은 급격히 떨어진다.

이런 가설에 바탕을 둔 실험에서는 무엇보다 사회 계급에 초점을 맞췄다. 첫 번째 연구에서 참가자들은 연민의 감정을 매일 얼마나 느끼는지를 말했다. 여기서 알게 된 것은 가난한 사람일수록 일상에서 더 자주 그리고 더 깊이 다른 사람에 대해 연민을 갖는다는 사실이다. 여러 가지 이유에서 그렇다. 가난한 사람일수록 일자리를 얻거나, 아픈 아이를 돌보거나(가난할수록 아이들은 더 많이 병치레를 한다, 5장 참조), 안전한 동네를 만들기 위해서는 다른 사람에 더 의지해야 했기 때문이다. 가난할수록 실직에서부터 만성질환(5장 참조), 굶는 어린이, 경찰의 행패와 폭력 등에 이르기까지 일상에서 많은 고통을 겪는다.

하루 중 언제든, 부유한 사람들보다 가난한 사람들이 다른 사람에 대해 더 연민을 품고 더 걱정할 것이다. 가진 것이 많지 않은 사람들은 다른 사람에게 더 의지해야 할 테고, 이 점이 연민을 더 이끌어낸다. 권력과 특권이 치러야 할 대가 가운데 하나가 연민의 상실이다. 사람 사이 관계에서 신뢰감과 친밀감을 만드는 데 아주 중요한, 사람에 대한 최소한의 배려도 남아 있지 않게 된다.

후속 연구에서는 버클리 대학 학생들에게 암 투병 중인 어린이의 영상을 90초 동안 보여주었다. 다음 사진에서 보듯 가늘어진 모발에 핼쑥한 얼굴을 한 아이가 병실에 있는 영상이었다. 나의 의도는 분명했다. 실험에 참가한 학생들에게 우리가 마주할 수 있는 고통받는 인간의 모습 가운데 가장 가슴 아픈 모습을 보도록 한 것이다. 여기서도 가난한 집안의 학생일수록 연민의 감정이 훨씬 더 깊었다.

사회 계급도 미주신경의 활성화에 영향을 미친다. 미주신경은 가장 큰 신경 다발이며 부분적으로 긍휼의 행위와 관련

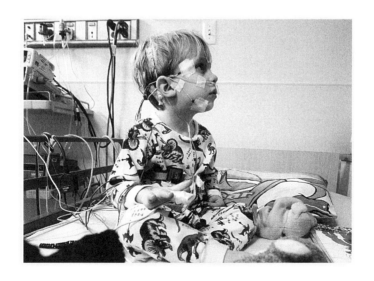

이 있다. 미주신경은 마치 강줄기처럼 머리에서 위까지 흘러 내리며, 그림에서 보듯 말단 부위는 동그랗다. 척수 상단 부분에서부터 시작하여 신체의 여러 기관과 근육으로 뻗어 있다. 이것은 우리 머리와 목 안의 근육을 자극하여 도움이 필요한 사람을 주시하고 얼굴과 목소리로 소통할 수 있도록 한다. 또한 미주신경은 심장과 폐로도 이어져 우리는 호흡을 깊게 가져가고 심박수를 떨어뜨릴 수 있다. 그 덕분에 우리는 고통을 겪거나 도움이 필요한 사람이 있으면 그들을 위해 침착하게 행동할 수 있게 된다. 미주신경이 활성화되면 서로 나누고 돕는 이타적 행위―권력을 획득하고 유지하는 데 필수적인―가 증가한다.

참가자들에게 암 투병 중인 어린이 모습을 보여준 실험에서 미주신경이 강하게 반응한 이는 빈곤한 환경에서 자란 학생들이었다. 재산과 교육과 지위 면에서 형편이 좋은 집안에서 자란 학생들의 경우, 긍휼의 감정을 주관하는 신경 다발은 크게 반응하지 않았다. 마찬가지로 다른 사람의 생각과 감정을 헤아려야 할 때도, 그들의 뇌에서 공감을 관장하는 부위는 별 반응을 보이지 않았다.

그다음으로 나는 고양과 관련된 연구에 착수했다. 여기서

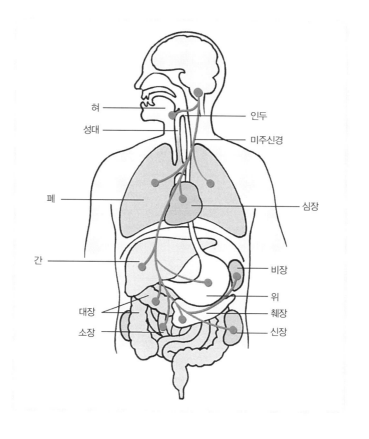

혀
성대
인두
미주신경
폐
심장
간
비장
위
대장
췌장
소장
신장

고양이란 다른 사람의 뛰어난 덕성과 재능 또는 고귀한 행동을 보고 깊은 영감을 받는 것을 말한다. 이타주의는 권력을 얻고(원리 5) 권력을 유지하기 위한(원리 10) 기반이며, 우리는 고양과 영감을 통해 이타적 행위로 바로 나아갈 수 있다. 다른 사람의 이타적 행위에 대한 얘기를 듣고 마음이 고양되면, 우리는 낯선 이와도 가진 것을 기꺼이 나누고자 한다. 일반적으로 고양과 영감은 돈독한 사회연결망을 형성하는 데 매우 중요하다. 다른 사람의 친절하고 너그러운 행동은 우리로 하여금 더욱더 최대 선을 도모하게 만들고, 더 나아가 사회 공동체의 결속력을 강화하는 데 매우 중요한 신뢰, 선의, 협동심도 증진시킨다. 그러나 거듭 말하지만, 자신에게 권력이 있다는 생각은 이타주의를 도모하고 권력을 유지할 수 있는 길을 훼손한다.

이와 관련된 연구에서 나는 서로 모르는 사람들끼리 조를 짓게 하여 실험실로 불렀다. 각 조 구성원 가운데 한 사람은 다른 사람에 비해 자신에게 권력이 있다고 느끼는 사람이고, 다른 한 사람은 아니었다. 각 조의 사람들은 지난 5년 사이에 있었던 일 가운데 자신에게 영감을 준 일 한 가지를 얘기했다. 자원봉사에 평생을 바친 친척 이야기, 싸움을 말리기 위해 위험을 무릅쓴 친구 이야기, 또는 성폭력 피해자를 돕기 위한 봉사 단체를 만든 사람의 이야기 등이 나왔다. 각자의 이야기를 들은 뒤, 실험 참가자들은 자신의 이야기에 스스로 놀라움과 영감을 받은 정도와 상대의 얘기에 놀라움과 영감을 받은 정도에 대해 말했다. 자신에게 권력이 있다고 느끼는 사람은 상대의 이야기보다 자신의 이야기에서 더 많은 영감을 받았다.

영감의 차원에서 이야기들 사이에 편차가 존재해서 그런 것이 아닌가 생각할 수 있다. 다시 말해 권력을 가진 사람일수록 그는 좀 더 영감이 넘치는 삶을 살 테고, 그렇다면 이야기도 좀 더 사람들을 고양시킬 수 있는 게 아닐까 하는 것이다. 그러나 실상은 그렇지 않았다. 우리 실험실 팀은 각각의 이야기가 얼마나 영감을 불어넣어 주는지를 확인하고자 이야기들을 분석했다. 그런데 자신에게 권력이 있다고 느끼는 참가자들이 한 이야기들과 그렇지 않은 참가자들이 한 이야기들 사이에 차이가 없었다. 여기서 우리가 내릴 수 있는 가장 합리적인 결론은 다음과 같았다. 자신에게 권력이 있다고 느낄 때, 사람들은 다른 사람의 경험보다 자신의 경험에 더 잘 감동을 받는다는 것이다. 자신에게 권력이 있다고 생각하여 다른 사람에게서 자신에게로 관심이 바뀌면, 우리는 우리에게 영감을 줄 수 있는 다른 사람의 행위를 그냥 지나치게 된다.

공감 능력의 약화와 도덕적 감정의 해이라는 대가는 만만치 않다. 우리는 권력을 유지하는 데 꼭 필요한, 협력과 이타주의를 지필 수 있는 열정을 잃고 만다. 상대적으로 자신에게 권력이 없다고 여기는 사람들은 스스로 권력을 가졌다고 여기는 사람들이 무심하다고 생각한다. (이것은 우리가 다음 장에서 살펴볼 무력감을 수반하는, 스트레스의 한 원인이다.) 권력 남용은 거기서 삶의 의미와 행복을 찾을 수 있는, 가장 강력하고 가장 확실한 원천—공감, 연민, 고마움, 고양, 그리고 그것들이 불러일으키는 이타적 행위—을 훼손한다. 자신에게 권력이 있다는 생각이 들면 자신의 욕망과 이해관계로 관심을 돌리게 되는데, 이는 결국 자신의 이익을 해하는 것일 뿐이다. 권력과 부패의 관계에 관한 액튼 경의 말과 가장 관련이 깊은 것은 위와 같은 도덕적 감정의 해이다. 도덕적 감정의 해이는 노골적이며 마구잡이인 권력 남용의 시발점이 된다.

권력 남용은 제 잇속만 차리려는 충동을 일으킨다
—

권력 남용에 대한 연구를 막 착수했을 때, 나는 자신에 대한 관심과 다른 사람에 대한 관심 사이의 역동적 관계를 처음으로 주목할 수 있었다. 그 무렵 나는 "습득된 반사회성"이라는 이름으로 알려진 뇌 외상을 연구하고 있었다. 사람들이 반사회성을 '습득하게' 되는 것은 주로 전두엽 부위에 큰 충격을 주는 외상—교통사고, 자전거 사고, 지붕 낙상 등—을 통해서다.

전두엽은 공감 능력을 관장하고 다른 사람에 대해 적극적으로 헤아릴 수 있도록 해주는 뇌의 한 부분이다. 이런 사고를 당하면 바르고 친절한 사람이 온전히 제 잇속만 차리는 반사회적 인격 장애자로 바뀐다. 이런 사람들은 배우자 앞에서도 모르는 사람에게 성희롱을 하고, 아이들에게 욕설을 내뱉고, 가게에서 물건을 훔치고, 가진 것을 탐진하고, 사람들 있는 데서 섹스도 서슴지 않을 수 있다. 권력 남용에 대한 연구를 시작하면서 나는 다음과 같은 사실을 확신할 수 있었다. 권력과 특권을 자각한다는 것은 뇌가 외상을 입는 것과 같다는 것이다. 제 잇속만 차리는 충동적 행위로 이어지기 때문이다.(원리 14)

먼저 나는 권력이 우리 식습관에 영향을 미치는지 연구했다. 세 명의 학부생이 한 조를 이룬 동성 집단을 실험실로 불렀다. 제비뽑기로 세 명 가운데 한 명을 조장으로 선정했다. 일을 잘하는 참가자가 있으면 상으로 점수를 줄 수 있는 권한을 그에게 부여했다. 일정 점수가 되면 상으로 현금 부상을 받을 수 있었다. 즉석에서 권력을 부여한 뒤, 각 조는 학사 문제와 사회문제와 관련한, 위스콘신 메디슨 대학의 정책을 수립하는 과업에 착수했다. 그들은 출처가 다양한 정보와 사실자료 그리고 수치와 선례들을 함께 검토하고 나서 학사 부정행위, 졸업 시험, 교내 음주, 종교 동아리 지원 문제에 관한 학사 정책을 작성해 나갔다.

작업이 시작되고 30분이 지났을 때, 실험자가 방으로 들어와 그들이 작업을 하고 있는 테이블 위에 달콤한 냄새가 풍기는 초콜릿칩 쿠키를 갖다 놓았다. 접시에는 쿠키가 네 개가 아닌 다섯 개가 놓여 있었다. 마지막 남은 음식은 남겨야 한다는 식탁 예절을 고려한 것이다. (칵테일파티에서 애피타이저를 돌릴 때, 마지막 한 개는 접시에 남기고 주방으로 물리는 게 일반적이다.) 어쨌든 접시에 다섯 개의 쿠키가 있었으니, 실험 참가자 가운데 한 명은 하나 더 먹어도 될 터였다. 그래서 관찰하였더니 더 큰 권력을 부여받은 참가자가 쿠키를 한 번 더 집을 확률이 다른 참가자에 비해 두 배나 높게 나왔다. 기억할 것은 그 권력이 재능, 기여도, 자격, 연륜에 의해서가 아닌 제비뽑기로 주어졌다는 사실이다. 그럼에도 권력을 부여받은 이는 자신이 더 먹을 자격이 있다고 생각했던 것이다.

먹는 일에선 이기적 충동과 다른 사람에 대한 관심 사이의 섬세한 균형 잡기가 요구된다. 되새김질, 입을 벌리는 행위, 침을 흘리는 행위는 식탁 예절에서 금기시 된다. 우리가 어릴 때 듣던, '입 벌리고 먹지 말라', '입안 가득 음식을 넣고 계걸

스럽게 먹지 말라'는 얘기도 떠오른다. 이런 식탁 예절을 기준 삼아, 우리 연구팀은 수개월에 걸쳐 실험 참가자들이 쿠키를 먹는 영상을 분석하는 작업을 했다. 특히 충동적 행위를 보여 주는 다음과 같은 지표에 주목했다.

> 입을 벌리는 정도
>
> 입맛을 다시고 쩝쩝거리는 횟수
>
> 음식물을 흘리는 횟수

분석 작업을 끝내고 보니 이보다 더 명료한 결과는 나올 수 없었다. 권력을 부여받은 참가자들이 더 충동적인 식습관을 보였다. 입 벌리고 음식을 먹고, 입맛을 다시고, 스웨터에 음식물을 흘리는 일이 더 많았다. 다른 사람이 어떻게 볼까 하는 문제에 개의치 않는 게 역력했다.

이 결과를 바탕으로 한발 더 들어간 연구에서, 권력이 있으면 사람들은 온갖 종류의 충동적 행위를 저지른다는 사실을 알 수 있었다. 예를 들어, 먹는 일에서와 마찬가지로 섹스에서도 이기적 욕구와 상대에 대한 고려 사이에서 균형 잡기가 요구된다. 국가 단위의 표본을 가지고 시행한 대규모 설문 조사 결과, 재산과 교육 그리고 지위를 갖춘 집안에서 자란 사람들이 성적 충동을 훨씬 더 많이 드러냈다.

> 상류층 아이들이 더 성적 유희를 즐기려고 한다.
>
> 상류층 젊은 여성들이 더 자위를 하려고 한다.
>
> 상류층 젊은 남성들이 더 변태적 행동—구강 섹스와 항문 섹스 등—을 시도하려고 한다.
>
> 25세에서 50세 사이 상류층 성인들이 더 섹스를 하려고 한다.

이는 권력에서 비롯된 것이긴 하지만, 여러 면에서 건전한 형태의 자기 표현이라고 할 수 있다. 그러나 절대 권력에서는 다른 사람을 배려하지 않고 성적 충동을 드러낸다. 예를 들어 외도와 같은 행위가 그렇다. 최적 추정치로 볼 때, 남자의 경우엔 25에서 40퍼센트 그리고 여자의 경우엔 20에서 25퍼센트가 혼외정사를 할 가능성이 있다. 정사는 쾌락을 안겨주지만, 이혼의 주된 사유다. 이혼은 자라는 아이들에게 정서와 사회성 부분에서 그리고 학업 면에서 어려움을 안기는, 대여섯 가지 위험 요소 가운데 하나다.

한 연구팀이 네덜란드의 여러 기업에 근무하는 사람들이 무기명으로 작성한 1,275장의 설문지를 취합한 적이 있었다. 설문 참가자들은 회사 내 위계에서 자신의 위치가 어떻게 되는지 6센티미터의 수직선 위에 ×표를 했다. 맨 밑은 0으로 가장 낮은 계급을 가리켰고, 맨 위는 100으로 가장 강한 권력을 가리켰다.

200가지 항목으로 이루어진 설문에서 참가자들이 외도할 의향이 있는지 그리고 이미 그런 적이 있는지를 알 수 있었다. 자신에게 권력이 있다고 여기는 사람일수록 외도를 하고자 하는 경향이 더 높게 나왔다. 실제 행한 정도도 그러했다. 26.3퍼센트가 외도를 한 적이 있었다. 부정한 사람은 남자든 여자든 주로 권력을 가진 이였다.

권력을 간단히 정의하면 이렇다. 사람들로 하여금 자신의 충동적, 비도덕적 행위를 정당화 하도록 만드는 것. 그리고 다른 사람에게 자신이 어떤 영향을 미치고 있는지 노골적으로 외면하는 것. 권력의 의미를 다양한 방식으로 생각해보게끔 한 연구에서 참가자들에게 보스, 부자, 권위 등의 권력과 관련된 단어를 제시했다. 그리고 참가자들에게 다음과 같이 무작위로 제시된 단어들을 가지고 뜻이 통하는 문장을 만들어보라고 했다.

> 부자, 보스, 자유, 권력, 우리, 더 많이, 모두, 부유해지다,
> 원하다, 골프를 치다

아니면 단순히 참가자들에게 자신이 권력을 가졌던 때를 회상해보라고 했다. 이런 식으로 잠시나마 권력을 체감하게 했을 뿐인데도, 참가자들이 비도덕적 행위를 지지하는 경우가 증대했다. 자신에게 권력이 있다고 느끼는 사람일수록 탈세를 하고, 출장 경비를 부풀리고, 고속도로에서 과속하는 것에 대해 무슨 문제냐는 식의 태도를 보였다. 권력을 갖게 되면 우리의 도덕관념은 옅어지기 시작한다. 권력에서 비롯된 도덕적 해이는 사회에 큰 해를 끼칠 뿐만 아니라, 권력을 가진 이가 다른 사람으로부터 존경과 인정을 받을 수 없는 주요인이 된다(원리 5에서 8). 그런데 존경과 인정은 영향력을 유지할 수 있는 기반이다.

그리하여 나는 충동적이며 비도덕적인 행동을 더 많이 하는 쪽은 가난한 이들이 아니라 부유한 이들이라는 가설을 실험해보았다. 첫 번째 실험장소는 캘리포니아 버클리의 한 도로였다. 며칠 동안 3시와 6시 사이 오후 시간대에 두 명의 실험 연구원들이 교차로 일단 정지선 근방에서 몸을 숨기고 지켜봤

다. 각기 다른 방향에서 온 운전자들은 교차로 일단 정지선에 이르자 재량껏 판단하여 먼저 도착한 차가 먼저 통과하게 했다. 두 연구원들은 교차로에 다가오는 차들을 살피면서 각 운전자가 정지선에 다다르고 나서 자신의 순서를 기다리는지 아니면 먼저 도착한 차량을 무시하고 먼저 치고 나가는지—이것은 캘리포니아에서 위법이다—를 확인했다. 그리고 차량은 제조사와 고급 사양 여부 그리고 연식 등을 바탕으로 1점대에서 5점대 사이의 점수로 등급을 매겼다. 다음 도표는 자동차의 등급과 실험 결과치를 정리한 것이다.

표의 맨 오른쪽에 있는 것은 메르세데스였다. 차량가는 약 13만 달러이고, 미국 중산층 가정의 연평균 소득 6만 7천 달러보다 두 배가량 많은 금액이다. 이 차는 우리 기준에서 5점대였다. 그다음 4점대는 신형 혼다 어코드였다. 그리고 뒤를 이어 3점대인 자동차는 전형적인 중산층 자동차인 혼다 시빅이었다. 중산층이 시민을 대표한다고 할 때, '시빅'이라는 이름은 잘 지었다고 할 수 있다. 2점대의 구형 포드 토러스와 동급의 차량을 운전하는 사람들은 다음과 같은 것들에 둘러싸인 사면초가의 심정일지 모른다. 엔진룸에서는 이상한 소리가 나고, 옆의 차들은 자기를 업신여기는 것 같고, 경찰은

	1	2	
	구형 닷지 콜트	구형 포드 토러스	
교차로 일단 정지선에서 우선 차량을 무시하고 먼저 치고 나간 차	7.7%	6.1%	
보행자가 있는 데도 멈추지 않은 차	0%	28.6%	

3	4	5
혼다 시빅	신형 혼다 어코드	메르세데스
13.1%	9.5%	29.6%
31.1%	44.4%	46.2%

시도 때도 없이 차를 세워 검문하는 것만 같다. 자동차 등급에서 맨 아래에 있는 차들—닷지 콜트, AMC 페이서, 포드 핀토, 플리머스 새틀라이트, 유고 그리고 그 밖의 깡통차들—은 1점대였다.

우리가 조사한 결과 교차로 정지선에 다른 차보다 늦게 도착했는데도 먼저 치고 나간 운전자는 전체의 12.4퍼센트였다. 그리고 고가의 차량—5점대 차량—을 운전하는 사람의 경우, 나중에 도착하고서도 먼저 치고 나간 횟수가 아주 값싼 차량을 운전하는 사람에 비해 네 배나 많았다. 돈 많은 운전자일수록 교통법규를 어겨도 된다고 생각했던 것이다.

그다음 연구에서 나는 좀 더 들어가보기로 했다. 우리 팀은 버클리 캠퍼스에 인접한, 유동 인구가 많은 길거리 횡단보도에 학부생 한 명을 서 있게 했다. 캘리포니아 주의 횡단보도는 보행자 역을 표시하기 위해 도로 위에 굵은 흰색 줄로 그려놓았다. 보행자가 일단 거기에 발을 들여놓으면 우선 통행권을 갖는 것이다. 2012년 판 캘리포니아 주 교통법규 책자를 보면, 법규 21950항에 운전자는 반드시 정차를 하고 보행자가 길을 건넌 뒤 주행하라고 돼 있다. 공중도덕으로 보더라도 다를 바 없다.

21950항. (a) 이 조항에서 별도의 규정이 있는 경우를 제외하고, 자동차 운전자는 횡단보도 표시가 된 도로 또는 표시가 되지 않은 교차로를 건너는 보행자가 있을 때, 그에게 통행권을 양보해야 한다.

이 실험에서는 한 연구원이 보이지 않는 곳에 서서 다가오는 차량의 운전자가 횡단보도 앞에 서 있는 보행자를 인지했는지 확인했다. 그리고 주변에 다른 차량이 없는 지도 확인했다. 그래야 문제의 운전자만 우선 통행권을 가진 보행자를 향해 다가가는 실험 조건이 만들어지기 때문이다. 그런데 이번에도 법규를 어긴 것은 비싼 차를 모는 운전자였다. 싸구려 차량— 우리 기준으로 1점대 차량—을 모는 운전자 가운데 보행자를 무시하는 운전자는 없었다. 그러나 비싼 차를 운전하는 사람은 그런 상황에서 46.2퍼센트의 비율로 보행자를 아랑곳하지 않았다. 다시 말하건대, 특권 의식이 제 잇속만 차리는 충동적 행위를 하게 만든 것이다. 양식과 법규는 물론이고 다른 사람의 안전까지 담보하고 말이다.

이런 결과를 보면서 한 가지 궁금한 것이 생겼다. 과연 통제된 실험실 상황 안에서도 부유하다고 해서 더 충동적이며 비도덕적인 모습을 보일까. 첫 번째로 착수한 실험에서 나는 실험 참가자들에게 사회 계급을 측정하는 데 널리 쓰이는 테스트를 받게 했다. 이는 앞서 미국 사회의 계급에서 자신이 차지하고 있는 위치를 열두 단짜리 사다리에 ×표를 해서 나타내라고 했던 사다리 테스트다. 그로부터 며칠 뒤, 참가자들은 도박 형식의 게임을 했다. 컴퓨터의 한 키를 눌러 가상의 주사위를 던지는 게임이었다. 그들은 가상 크랩스 게임을 다섯 판 한 뒤, 주사위 굴린 결과를 실험자에게 보고했다. 이 결과를 가지고 50달러의 우승 상금을 받을 수 있을지 판가름이 날 터였다. 그러나 참가자들 모르게 다섯 번을 굴린 숫자의 합이 항상 12가 나오도록 프로그램을 조작해놓았다. 여기서 우리가 눈여겨봐야 할 요소는 참가자들이 12보다 높은 숫자를 대느냐 하는 것이었다. 그런데 다른 참가자들보다 높은 점수를 대며 거짓말을 했던 이들은 바로 부유한 계급의 참가자였다.

이 결과를 경제적 관점에서, 즉 상금이 걸린 게임이므로 거짓말도 할 수 있다는 순전히 계산적 관점에서 바라보자. 내 계좌에 10만 달러가 있다고 할 때, 50달러 상금이 내 재산에 큰 보탬이 되는 건 아니다. 아주 소소한 액수다. 그러나 잔고가 84달러밖에 안 된다면, 50달러는 내 재산에 큰 보탬이 될 수 있다. 내 삶의 질에 미치는 바가 적지 않다. 공돈 50달러가 생기면 공과금을 낼 수도 있고, 월말에 장을 볼 수도 있고, 데이트다운 데이트를 할 수도 있으며, 친구에게 술 한잔을 살 수도 있다. 이처럼 50달러 상금의 가치는 가난한 사람에게는 크다. 그렇다면 이 실험에서 거짓말을 할 동기도 그만큼 커지는 셈이다. 그러나 50달러를 타내기 위해 거짓말을 서슴지 않는 쪽은 부유한 집안의 참가자들이었다.

그다음 연구에서 나는 먹는 문제로 돌아왔다. 간식거리로 쿠키 대신 사탕을 내놓았다. 먼저 실험 참가자들은 12단 사다리를 가지고 자신의 계급적 위치가 가난한 쪽에 속하는지, 아니면 부유한 쪽에 속하는지 가늠했다. 앞에서 살펴보았듯이 이런 비교를 통해서 참가자들은 자신에게 권력이 있다고 느끼거나 또는 그렇지 않다고 느낄 수 있었다. 참가자들은 이밖에도 다른 여러 과제를 수행했고, 그런 뒤에 실험실을 나설 수 있었다. 이때 그들이 나가는 통로에 포장지에 싸인 사탕이 마흔 개 정도 들어간 그릇을 놓아두었다. 그리고 그릇 옆에는 굵은 글씨로 쓴 다음과 같은 쪽지를 붙여놓았다.

인간발달연구소의 어린이들을 위한 것

버클리 소재 캘리포니아 대학의 인간발달연구소IHD는 과학자
들이 어린이와 유아 그리고 그 부모들을 대상으로 연구를 하
는 곳이다. 우리 연구동 홀에서 종종 그들이 오가는 모습을 볼
수 있다. 아니나 다를까, 우리 실험실을 나서는 참가자들 가운
데 자신에게 권력이 있다고 느낀 참가자들은 그렇지 않은 참
가자들보다 두 배 이상 많은 사탕을 집었다. IHD의 어린 실험
참가자들을 위한 것이라고 써놓았는데도 말이다. 자신이 다른
이들보다 우월하다는 단순한 생각만으로도 이런 비도덕적 행
위에 서슴지 않았다.

　이런 결과들을 발표하자, 뜨거운 반응의 이메일들이 쏟아
져 들어왔다. 어떤 이들은 매우 격분하여 버클리 빨갱이, 복
지에 편승한 게으름뱅이, 미국을 망치는 이민자, 감옥에 처넣
어야 할 정신병자 소시오패스라고 욕설을 퍼붓는 편지를 보
냈다. 그러나 부유한 자들의 도덕적 해이에 대한 이야기를 적
어서 보낸 이들이 더 많았다. 부유한 고객에게 대금을 떼인
도급업자 사연, 교통법규 위반으로 BMW를 세웠는데, 그 차

주로부터 일장 훈시를 들었다는 경찰관 사연 그리고 휴가철 음식점에서 고맙다는 말도 팁도 건네지 않는 부유한 손님을 서빙한 종업원 사연에 이르기까지 다양했다. 나는 갑부들을 대상으로 재정 상담을 하거나 CEO 비서로 일하는 사람들로부터 갑부들의 경악할 만한 도덕적 해이를 목격한 이야기도 들었다.

비슷한 연구 결과가 나왔다는 사실을 전하는 과학자들의 메일도 있었다. 2001년과 2002년 사이, 연구자들은 어떤 사람들이 가게 좀도둑이 되는가를 알아내기 위해 미국 성인 43,000명을 대상으로 설문조사를 한 적이 있다. 2000년대 초반, 미국의 가게 좀도둑들이 훔친 물건의 액수는 연간 130억 달러에 이르렀고, 그런 행위를 한 적이 있다고 실토한 사람은 전체 미국인 가운데 11퍼센트에 달했다. 이 통계 수치에도 권력이라는 주제가 끼어든다. 아시아계, 라틴계, 아프리카계 미국인보다 백인들이 좀도둑질을 더 많이 했던 것이다. 역시나 부유한 이가 가난한 이보다 좀도둑질을 더 많이 했다.

권력이 제 잇속만 차리는 충동을 일으킨다는 사실은 문화, 규범, 종교 그리고 관습을 넘어선 인류의 보편적 습성이다. 한 연구에서 직장 생활을 하는, 27개국 27,000명의 성인을 대상으로 다음과 같은 행위들이 어느 정도 용인될 수 있는지를 물었다. (1)자격이 되지 않는데도 정부의 혜택을 요구한다. (2)대중교통 요금을 내지 않는다. (3)탈세를 한다. (4)뇌물을 받는다. 그리고 이 실험의 참가자들은 10점 만점으로 자신의 수입 수준을 매겼다. 수입이 좋은 참가자일수록 위 네 가지 비도덕적 행위에 대해 괜찮다는 입장을 보였다.

권력을 가진 이가 이런 비도덕적 행위를 할 경향성이 농후하다면, 이에는 그만한 대가가 따를 수밖에 없다. 어떤 한 나라의 부유한 실험 참가자들이 비도덕적 행위를 용인할수록, 해당 국가의 삶의 질은 그만큼 낮아질 수밖에 없다. 지위가 올랐다고 자신이 법 위에 군림한 듯 거리낌 없이 자신의 욕망을 채우려 한다면, 그 주변 사람들이 대가를 치르게 된다. 이와 같은 권력 역설이 치러야 할 대가는 아주 크다.

권력 남용은 무례와 안하무인을 촉발한다

—

1970년대에 글로리아 스타이넘은 〈미즈Ms.〉 매거진을 창간하면서 잡지계 명인 클레이 펠커를 수석 편집장으로 섭외했다.

펠커는 이 잡지의 편집을 맡으면 여러 면—금전과 명성 그리고 그가 중요시하는 편집자로서의 경력 등—에서 위험을 감수해야 한다는 것을 알았다. 그래서 그는 두 가지를 요구했다. 창간호 내용에 대한 편집 전권을 달라는 것과 기고자들—주로 여성들—은 외설적인 표현을 자제해야 한다는 것이었다. 페미니즘 운동으로 여성들이 어느 정도 힘을 얻게 되면서, 그들은 연설에서 종종 상스러운 표현을 사용했다.

먹고 섹스하고 운전하고 거짓말하고 바람피울 때와 마찬가지로 연설을 할 때도 권력은 우리를 더 충동적으로 만든다. 그리고 그런 행동이 다른 사람들에게 어떻게 비칠지 별로 개의치 않는다. 어떤 말을 할 때, 우리는 일방적으로 자기 말만 하고 싶은 충동과 상대를 존중하여 그들이 무슨 생각을 하고 무슨 말을 하고 싶어하는지 경청하는 태도 사이를 오가게 된다. 거의 모든 경우, 권력을 쥐면 이 균형을 잡기 어려워진다. 권력을 잡는 순간 우리는 상대에 대한 배려도 없이 거만한 태도로 말을 하게 된다.

자신에게 권력이 있다고 생각한 사람일수록 서로의 입장을 헤아리는 의사소통의 규칙들을 어기려 한다. 상대의 말을 중간에서 잘라 버리기도 한다. 주거니 받거니 하는 대화의 규칙을

지킬 때, 모두가 대화에 참여할 수 있는데, 자신에게 권력이 있다고 생각하는 사람은 순서를 지키지 않고 제 말하기 바쁘다. 대화 예의에 따르면, 우리는 말을 해도 완곡하고 세심하게 그리고 상대를 존중하는 의미에서 자신을 낮추며 말해야 한다. 그런데 자신에게 권력이 있다고 느끼는 순간, 그는 원활한 대화에 필요한 이런 원칙들을 지키지 않는다. 요청을 하는 데 강압적이 되며, 주장을 펴는 데 노골적이 된다. 행여 의견을 달고 비판과 피드백을 할라치면, 날을 곤두세우곤 한다. 예를 들어, 운동을 하지 않아 배가 나온 친구가 있을 때, "체육관에 좀 더 자주 가보는 건 어때?" 이런 식으로 말하지 않는다. 그보다 비아냥조다. "어이, 여기 필스베리 도우보이[●]가 납셨네!"

이에 반해, 자신에게 권력이 별로 없다고 여기는 사람들은 순발력 있게 상대를 존중하는 부드러운 말을 한다. 다른 사람의 말을 들을 때도 그들은 상대가 하는 말에 관심을 보인다는 신호, 즉 언어학자들이 '맞장구 반응'이라고 부르는 '오, 으흠, 아' 등의 추임새를 잘 넣는다. 그들은 부탁을 할 때 양해를

● 통통한 꼬마 제빵사 형상의 밀가루 반죽 캐릭터로 식품회사 필스베리의 마스코트다.─옮긴이

먼저 구한다. 다른 사람을 향해 비판이나 우려를 전할 때도 "이렇게 생각해보면 어떤지?" 또는 "이렇게 하는 게 좋을 듯한 데…"와 같이 완곡하고 부드러운 표현을 쓴다.

　권력은 상대를 배려하지 않는 언어를 쓰게 할 뿐만 아니라 대놓고 무례한 행동을 하게 만든다. 17개 기업에 종사하는 800명의 직원들을 대상으로 한 설문에서 약 25퍼센트의 응답자가 직장 생활에서 무례한 경우를 겪은 적이 있다고 했다. 일주일에 한 번도 아니요 한 달에 한 번도 아닌 매일 그런 경우를 겪었다고 했다. 직원들은 자신이나 동료가 상스러운 말로 모욕당하는 경험을 일상적으로 했던 것이다. 상사들은 직원들이 하는 일은 형편없고, 그들의 아이디어는 헛소리며, 믿을 놈 하나 없다는 말을 입에 달고 있었다. 직원들의 말에 귀를 기울이지도 않았다. 그리고 권력을 가진 위치에 있는 사람들은 그런 무례한 행위를 조직 서열상 아래쪽에 있는 사람들에 비해 세 배 이상 더 많이 저질렀다.

　우리가 신뢰감과 호의를 형성하는 데 매우 중요한, 직물처럼 짜인 사회적 구조는 도덕적 감정—공감, 연민, 고마움, 고양—에 기초한 것인데, 권력은 이를 훼손한다. 절대 권력은 다른 사람에 대한 우리의 관심을 돌려 자기만족에 빠지도록 한

다. 사회생활에 필요한 일상의 도덕―배려, 고마움, 예의, 존중
―을 허물어뜨린다. 일상화된 무례는 상대를 존중해야 한다
는 고귀한 윤리를 파괴하며, 사람들의 얼굴을 붉히게 만든다.
그리고 공동의 목적을 위해 협력하고 집중하는 것을 어렵게
만든다. 직물처럼 짜인 사회는 이런 권력 역설에 점점 헐거워
진다.

권력 남용은 우리를 '내로남불'에 빠지게 한다
―

권력 남용의 문제를 둘러본 결과, 도덕적 행동과 관련해 그 규
범에 따라 행동하지 않는 이들은 부유하고 권력을 가진 자였
다. 그들은 음식을 허겁지겁 먹고, 성적 충동을 자제하지 않고,
난폭 운전을 하고, 거짓말과 속임수를 일삼으며, 무례한 소통
을 한다. 그들은 사회규범도 무시한다. 다른 사람의 사정과 사
람들을 더불어 살 수 있게 해주는 질서를 아랑곳하지 않는다.
그들은 사회적 부도덕이라는 족적을 남기며 하루하루를 산다.
　　그런데 그들은 사회적으로 부도덕한 상황을 변명해야 하는
상황에선 황당한 말도 서슴지 않는다. 예를 들어, 공정해야 한

다며 성폭행 피해자에게도 빌미를 제공했다는 이유로 성폭행 범죄의 책임을 전가하기도 한다. 가난한 이들이 생계를 꾸려나갈 돈도 제대로 벌지 못하는 이유에 대해, 게으름과 무능력 때문이라는 판에 박힌 소리를 하는 이들도 있다. 가난한 사람들이 평균적으로 1.2개의 일을 한다는 통계가 있는데도 말이다.

우리가 직접 저지른 사회적 부도덕이 문제가 됐을 때, 우리에게 권력이 있다면 우리는 일말의 주저 없이 그 행위를 정당화할 것이다. 그리하여 자신은 여전히 바르고 도덕적인 존재라는 믿음을 유지할 것이다. 이에 관한 연구 결과를 보면 자신에게 권력이 있다고 생각한 사람은 다음과 같이 행동하는 경향이 있었다. (a)회의 시간에 늦지 않기 위해서라면 과속 같은 부도덕한 행위쯤은 할 수 있으며, (b)자신들의 그런 행위는 용인될 수 있다고 말한다. 그러나 (c)다른 사람이 그와 똑같은 부도덕한 행위를 했을 경우엔 비난한다.

자신에게 권력이 있다고 느낄 경우, 우리는 회사 비품을 개인 용도로 쓰는 것쯤이야 괜찮다는 식의 구실을 쉽게 댄다. 그러나 다른 사람이 그런 비윤리적 행위를 했을 때는 그 즉시 분노를 터뜨린다. 권력이 있다고 느낄 때 우리는 자신의 도덕적 과오를 보지 못한다. 그러나 다른 사람의 똑같은 과오에 대해서는 분노를 참지 못한다.

　자기합리화를 하고 남탓을 하는 이런 모습들은 이른바 '예외론적 서사'*라는 큰 범위의 서사에 포함되는 소소한 것들이다. 인간은 부와 권력의 불평등 그리고 사람 위에 사람을 두는 사회적 계급의 존재를 정당화하고자 그 상위에 있는 사람들은 남들이 따라 할 수 없는 특출한 능력을 가졌다는 식의 스토리텔링을 한다.

　지난 30년 동안, 미국의 소득 격차는 계속 늘어나고 있다. 나는 부와 권력이 어떤 속내를 갖고 우리에게 이 격차를 두둔하고 나서는지 궁금했다. 억대 연봉을 받는 사람이 있는가 하면 최저 시급을 받는 사람이 있는 까닭, 으리으리한 성채 같은 학교를 다니는 아이들이 있는가 하면 감옥 같은 학교를 다니는 아이들이 있는 까닭 그리고 상위 1퍼센트가 있는가 하면 하위 1퍼센트가 있는 까닭을 사람들에게 납득시키려면 사회적 불평등에 스토리를 끼워 넣어야 한다. 이와 관련한 첫 번째 연구에서 나는 실험 참가자들에게 지난 30년 동안의 미국인들의 가계 소득 추이를 보여주는 도표를 제시했다. 참가자들에게

● narratives of exceptionalism를 옮긴 것이다. 아무래도 '예외론적 서사'라는 표현이 생경하여 우리에게 익숙한 '내로남불'이라는 표현을 같이 사용하도록 한다. ─옮긴이

도표를 자세히 살펴볼 시간을 준 다음, 그들에게 도표에서 나타나는 바가 무엇인지를 말해보라고 했다. 도표를 통해 우리가 알 수 있는 것은 상위 계층의 부는 증가 일로를 보인 반면, 미국인의 90퍼센트는 부에 변화가 없었다는 사실이다. 부유층 출신일수록 소득 격차의 문제를 재능, 천재성, 노력, 근면과 같은 개인의 기질 문제로 치부했다. 반면, 저소득층 출신은 그것을 넓은 의미의 사회력* 즉 교육의 기회, 정치적 입김, 성장 환경 등으로 설명했다.

그다음 연구에서 우리는 실험 참가자들에게 살면서 겪는 다양한 일들에 대한 생각을 물었다. 왜 사람들은 이혼을 하는가? 직장에서 공로를 인정받은 적이 있는가? 해직을 당한 적이 있는가? 크게 앓은 적이 있는가? 살면서 겪는 이런 일들이 개인의 기질—재능, 노력, 천재성, 성품 등— 때문이었는가, 아니면 넓은 의미의 사회적 요인 때문이었는가? 역시나 상류층 출신 참가자들은 우리 인생을 좌우하는 이런 일들을 개인의 재능, 노력, 천재성, 성품 등의 문제로 치부했다. 그들은 뛰어난 재능의 유무가 인생사, 성공과 실패, 결혼생활, 건강 문제를 좌

● social forces. 사회 구성원과 그 문화에 영향을 미칠 수 있는 사회적 요소―옮긴이

우한다고 생각했다. 반면, 저소득층 출신 참가자들은 살면서 겪는 좋은 일과 나쁜 일은 개인의 자질과 주변 환경, 이 두 가지에서 기인한다고 보았다.

어떤 문화에서든 권력과 부를 가진 사람들은 잘되는 사람이 있는가 하면 안 되는 사람이 있는 이유를 설명할 때 스토리텔링— '내로남불' 이라는 예외론적 서사—을 한다. 약 500년 전, 영국 귀족들은 부와 정치권력 면에서 최고의 지위를 누렸고 다른 사람의 생사여탈권을 쥐었다. 이들의 스토리텔링에 따르면 부유한 귀족은 원기가 왕성하고, 전장(이때의 전쟁은 부자들의 전쟁이었다)에서는 용맹하며, 여우사냥에선 기민한 본능을 타고났다. 이런 스토리텔링을 통해 왜 그들이 커다란 영지에 살고 사치스러운 음식과 연회를 즐겼는지, 왜 처녀들의 이상적인 배우자감인지, 그리고 왜 농노와 하인들을 거느리면서 분에 못 이기면 그들에게 갖은 행패를 다 부렸는지를 정당화했다.

빅토리아 시대의 부유한 계층 사람들은 빈부가 존재하고 문명과 야만이 존재하는 이유 그리고 인종의 우열을 따지는 이유에 대해 적자생존 이론을 갖다 붙였다. 부유한 계층의 영국인들은 예외적 사회와 문화가 존재한다는, 사회 진화론적 서사에 매우 능했다. 그들의 문화가 가장 발달했고, 다른 문화는

"야만적"이거나 "원시적"이며 도덕과 문화에서 크게 뒤처져 있다는 것이다.

'내로남불' 이라는 예외론적 서사는 오랜 세월에 걸쳐 다듬어져 오긴 했으나, 권력을 가진 이와 부유한 이들이 어찌하여 다른 이들보다 우월한지를 설명하려는 기본 골자에는 변함이 없다. 20세기 초에 내가 살았다면, 나는 당시 스탠퍼드 대학 학장인 데이비드 스타 조던이 회장으로 있었던 미국육종협회의 회원이 되었을지 모른다. 명문 대학의 여러 사회학자들이 그랬던 것처럼 말이다. 이 협회가 규명하고자 했던 것은 "우수한 혈통의 가치와 열등한 혈통으로 이루어진 사회의 위협"이었다. 우생학 운동은 아이큐 검사방법을 사용하여 우수성을 가려내고자 했다. 아이큐가 낮은 이를 '천치' 또는 '저능아' 라고 부르며, 문화 발달에 위협이 된다고 간주했다. 아이큐 점수를 논거로 삼고 우생학을 주창하는 자들은, 종과 사회의 개선을 위해서는 "천치"와 "저능아"를 불임시켜야 한다고 주장했다.

오늘날엔 대부분의 경우, 사람들은 우수 인종이니 야만적 문화니 하는 말을 하지 않는다. 하지만 '내로남불' 은 여전히 끄떡없다. 빈부로 사회적 계급을 설명하는 행태를 연구하면서, 나는 실험 참가자들에게 빈부의 차이가 생물학적 요인에서 기인한다는 말에 대해 어떻게 생각하는지 물었다. 그들은 유전적으로 차이가 있을까? 문화에 따라 기질의 차이가 날까? 다시 말해, 국적은 달라도 성공한 사람들이라면 서로 유사한 생물학적 특성을 가지고 있는 것일까? 부잣집 아이와 가난한 집 아이는 생물학적 기질 면에서 이미 처음부터 다른 존재일까? 다시 말해, 부유하고 권력이 있는 자가 될 수 있는 기질을 선천적으로 타고나는 것일까? 두 사람을 만났는데, 한 사람은 부유하고 다른 한 사람은 가난한데, 똑같은 옷을 입고 있다고 하자. 그렇다면 우리는 누가 부유하고, 누가 가난한지 가려낼 수 있다는 말인가?

설문 결과, 부유하고 권력이 있는 실험 참가자들일수록 이 모든 질문에 그렇다고 대답했다. 그들이 보기엔 사회적 위상은 유전자에 좌우되므로 결국 생물학에 뿌리를 두고 있다는 것이다.

'내로남불'의 예외론적 서사는 아주 많은 영역에서 중요하게 다뤄지고 있다. 계급 분화를 생물학적 관점에서 보는 사람들은 법을 어긴 사람에게 가혹한 처벌을 해야 한다고 주장한다. 한 정치가가 돈이 많아지면, 그는 도움이 필요한 국민에게 국가가 직접적인 지원을 해야 한다는 법안에 찬성표를 던지는

데 인색해진다. 예를 들어, 가계 수입이 공식적 빈곤선(2013년 기준, 연수입 23,250달러)에 미치지 못하는 가정의 자녀들 가운데 22퍼센트가 당장 도움이 필요한 국민들이다. 역사적으로 큰 권력을 가져보지 못한 국민들—여성과 아프리카계 미국인—은 예외론적 서사가 지배하며, 출세를 하려면 선천적이며 원초적인 특별한 종류의 지성이 필요하다는 믿음이 팽배한 학과에 진학하는 경우가 드물었다. 특히, 그런 믿음이 지배적인 곳이 철학과인데, 이곳의 여성 박사학위자의 비율은 31퍼센트에 그친다. 반면, 위와 같은 본질주의적 믿음이 잘 통하지 않는 분자생물학이나 세포생물학 영역에서 여성 박사학위자의 비율은 54퍼센트다. 예외론적 서사는 파격적인 CEO 보상금을 지급하는 명분으로도 작용한다. "보기 드문 재능", "천재적 감각"과 같은 표현으로 수억, 수십억에 이르는 연봉을 정당화한다. 그런데 경험 데이터를 보면 CEO의 행동이 회사 경영에 미치는 영향은 거의 없거나 있어도 아주 미미하다.

예외적인 재능과 탁월한 능력 그리고 이런 것들을 만들어낸다고 하는 우수한 유전자 등등이 우리 사회에서 가진 자와 못 가진 자가 존재하는 이유를 설명하는 유력한 근거다. 혈통과 출신지와 계급에 기초하여 사회적 위아래가 나뉘고, 부와 기회가 편중되는 이유를 설명하는 근거가 되기도 한다. 부의 편중이 왜 일어나는가를 생각할 때 복잡하게 환경, 역사, 정치, 경제 등을 고려할 필요가 없다. 예외론적 서사만 있으면 불평등을 쉽게 설명할 수 있기 때문이다. 그리고 그런 서사가 권력을 가진 자는 연민에 박하고, 충동적 행위를 일삼으며, 비윤리적인 경향이 있다고 스토리텔링을 하는 것보다 더 듣기 좋기 때문이다. 하지만 실험을 해보면 권력을 쥔 자와 그렇지 못한 자를 가르는 것은 유전적 차이가 아니라 권력 남용의 여부다.

| 권력 역설의 경고 신호 |

권력 남용은 권력 역설의 핵심인데, 사회생활에서 여러 문제를 초래한다. 다른 사람의 감정은 아랑곳하지 않고, 자제하는 법 없이 자신의 충동을 드러내며, 다른 사람을 무례하게 대하고, 제 체면이나 깎아 먹는 얘기를 한다면, 우리는 권력 역설의 노예가 되기 십상이다. 그리고 세상에 기여하기 위한 우리의 노력을 절대 권력이 훼손하도록 방치하게 된다. 실로 절대 권력은 절대 부패한다.

천만다행히 우리가 권력 역설의 노예가 되고 있으면, 경고 신호가 울린다. 우리가 권력을 남용하면, 다른 사람은 무력감의 신호라고 할 수 있는, 스트레스와 불안과 수치심을 겪는다. 이런 경고 신호를 무시할수록 우리는 더욱더 권력을 남용하게 된다. 예를 들어, 부적절하게 추근거리거나 폭력에 가깝게 지분거리는 것이다. 따라서 이런 경고 신호를 간과하지 않는 것이 권력 역설을 극복할 수 있는 한 방편이다. 다른 사람에게서 무력감의 신호가 감지되면, 우리는 공감하고 연민의 감정을 품으며 너그러울 수 있어야 한다. 바로 이런 태도가 권력 역설에 빠지지 않고 권력을 유지하는 데 도움이 된다.

무력감의 신호를 간과하지 않는다면, 우리는 우리 자신의 삶에서 권력 역설을 극복할 수 있다. 뿐만 아니라 우리를 둘러싼 좀 더 큰 문제에 대해서도 해결의 실마리를 얻을 수 있다. 건강과 복지의 문제와 관련된 사회적 결정인자를 다루는 새로운 학문에 따르면, 생각보다 훨씬 더 무력감의 문제가 오늘날의 사회적 문제—건강하지 못한 삶, 우울증, 학교 폭력, 성폭력과 인종폭력, 집요한 인종주의, 빈곤—에 대해 시사하는 바가 많다는 것이다.

FIVE

무력감의
대가

무력감의
대가

내가 아홉 살이 되던 1970년, 어머니가 새크라멘토 주립대학에서 교수직을 얻었기에 우리는 최신 유행을 접할 수 있었던, UCLA 근처의 로렐 협곡을 떠나 시에라네바다 구릉지대에 위치한 가난한 시골 마을 펜린으로 이사했다. 우리는 펜린의 카요 드라이브라는 곳에서 8년을 살았다. 그당시 나로선 설명할 길이 없지만 가난에서 오는 따뜻함을 알게 되었다. 이는 앞 장에서 살펴보았던 권력 남용과는 다른 모습이었다. 공감, 친절, 관대함, 존중, 포용성은 가난한 자들이 넉넉지 않은 물질적 형편에도 불구하고 삶의 방편으로 견지하는 것들이었다.

카요 드라이브 동네에서는 현관문이 늘 열려 있었고, 저녁 식사 테이블에는 늘 누군가를 위한 자리가 마련돼 있었다. 아이들은 부모님이 부를 때까지 해가 지도록 비탈진 동네를 휘젓고 돌아다녔다.

내 어린 눈에도 어렴풋이나마 카요 드라이브 이웃들의 삶을 좀먹는 무력감의 대가를 감지할 수 있었다. 그들의 삶은 잘 나누고 정이 넘치는 가운데서도 늘 위험이 도사리는 삶이었다. 그리고 사람의 정신 건강과 육체 건강을 해할 수 있을 정도로 끊임없이 스트레스를 받는 삶이었다. 가난한 처지에서 그런 환경에 대응하려면 나름의 양식을 찾을 수밖에 없었다. 매일 학교가 끝나면, 나는 카요 드라이브를 따라 쭉 걷곤 했다. 맨 위쪽 도로의 오른쪽 첫 번째 집엔 네 식구가 살고 있었다. 만년 실업자인 그 집의 아버지는 우울증에 시달렸고 불면으로 늘 눈가가 검었다. 우리 형과 같은 반이었던 그 집의 아들은 거의 해마다 골절상을 입는 것 같았다.

그 집 길 건너편에는 50대 독신 남자가 살고 있었다. 펜린에 8년 동안 살면서 내가 그의 모습을 본 것은 한두 번밖에 되지 않았다. 그는 덧문도 내린 채 두문불출했다. 훗날 대학원에 다니면서 나는 그의 상태를 일컫는 명칭을 알게 되었다. 광장 공포증이었다. 밖에 나가기가 두려워 꼼짝을 하지 못하는 불안 장애였다.

그다음 집은 나의 가장 친한 친구인 메모 캄포스의 집이었다. 그의 아버지, 윌리 아저씨는 동네 제분소 직원이면서, 윗

길에 있는 '라 카바냐'라는 술집의 주인이기도 했다. 바비큐를 하거나, 생일이 있거나, 퀸시네라°가 있을 때면, 아저씨는 아이스박스에 청량음료와 맥주를 채워 넣었다. 훗날 아저씨는 60대에 암으로 세상을 떠났다. 메모의 여동생, 욜란다는 어릴 때 백혈병에 걸린 적이 있는데, 지금은 잘 이겨내고 자신의 어머니 집 옆에 있는 작은 집에서 살고 있다.

그리고 나는 스켈렌저 집안 사람들이 모여 사는 세 집을 지나쳤다. 그들은 오클라호마에서 펜린으로 다 같이 이사했다. 가운데 집에 살았던 로레인은 40대 나이로 죽게 되는데, 그녀는 몸무게가 150킬로그램이나 나갔다. 그녀의 남편 제리는 술로 큰 말썽을 부리진 않았는데, 술만 마시면 곯아떨어졌기 때문이다.

카요 드라이브에서 사는 동안, 나는 우리 이웃들이 당면한 물질적 빈곤이 얼마나 심각한 것이었는지 제대로 알 수 없었다. 그와 같은 불평등이 사회 전체에서 어떤 의미를 띠는지 그리고 가장 강한 권력을 가진 사람들과의 관계에서 어떤 의미를 갖는지를 헤아리는 것은 내 역량을 한참 벗어난 일이었다.

● 라틴 아메리카 풍습. 여자아이가 15살이 되면 치르는 일종의 성인식—옮긴이

지금 돌이켜 보면 그런 생각이 든다. 권력 역설에 쉽게 굴복하는 사회 구성원들, 즉 권력을 가진 이들은 나의 옛날 이웃들로부터 많은 것을 배울 수 있지 않을까.

무력감과 권력 역설은 분리할 수 있는 게 아니다. 어떤 점에서는 가장 힘없는 사람들에 대해 사회가 어떻게 반응하는지 또는 어떻게 반응하지 않는지를 보면, 그 사회가 권력 역설에 어느 정도 취약한지를 알 수 있다. 그 사회에서 가장 취약하고 힘이 없는 구성원들이 어떤 대접을 받는가를 보면 그 사회를 알 수 있다. 주변의 힘없는 사람들의 어려움을 살핌으로써 우리는 좋은 일에 우리의 권력을 사용하고, 지속 가능한 방식으로 사회에 기여할 수 있다. 앞서 살펴봤듯이 권력이란 다른 사람을 위해 기여하는 것이며, 다른 사람에 대한 관심을 통해 유지되는 것이다. 여기서 다른 사람이란 대부분의 경우 힘없는 사람들이다. 무력감이 왜 생기고 그것이 어떤 결과를 빚는지 이해할 수 있다면, 다른 사람에 대한 우리의 의식은 바뀔 것이며 우리는 권력 역설의 노예가 되지 않을 것이다. 무력감이 어떤 결과를 초래하는지에 대해 우리가 무심하거나 무지하면, 거기서 권력 역설은 비롯될 것이다. 힘없는 자들의 역경과 무력감의 원인을 살피는 것은 권력 역설을 극복하고 나아가기 위한 아주 중요한 한 걸음이다.

왜 가난하고 힘없는 자들, 카요 드라이브의 우리 이웃들과 같은 사람들이 병으로 고통받고 사회에서 자리를 잡기 어려운지에 대해서는 주장도 많고 논쟁도 많다. 수많은 탁상공론에 의하면, 가난한 이들이 교육을 받거나 사회에서 성공하려는 의지가 없기 때문이라고 한다. 멀리 내다보지 못하고 잘못된 결정을 내린다는 것이다. 악착같은 데가 없어서 고진감래의 참맛을 모르고 요절할 수밖에 없는 나쁜 습관을 키운다는 것이다. 정치적 논란을 지피는 원초적 탁상공론은 여기서 한발 더 나아간다. 가난하고 늘상 힘없는 사람들은 '복지 무임승차자'로 인생을 편하게 살려고 한다는 것이다. 땀 흘려 일하기보다 쾌락에 탐닉하고 정부의 무상 지원이나 악용한다는 것이다. 이런 주장들은 카요 드라이브에서 내가 경험한 것들을 단 하나도 설명해줄 수 없었다. 나의 이웃들은 진정으로 가족과 공동체와 사회를 생각하는 사람들이었다. 아이들은 학교에서 좋은 성적을 받고자 공부도 열심히 했으나 뜻대로 되지 않았을 뿐이다. 부모들은 아이들에게 온 정성을 다하여 아이들에게 바른 삶을 가르치고자 했다. 부모와 청소년이 된 자식들은 돈을 벌기 위한 일―식당 일, 제재소 일, 공사장 일, 맥도날드 주

방 일, 낙과 줍기 등—도 열심히 했다. 대부분 힘들고 지루한데다 보수도 변변치 않은 일이었다. 주변을 돌보지 않거나 편한 삶을 살고자 한 것이 아니었다. 내 이웃들의 삶을 피폐하게 만든 건 다른 것이었다.

학자들이 권력과 질병에 관한 충격적인 사실을 발견한 1990년대에 우리는 그 실마리를 찾을 수 있었다. 건강 관련 자료를 꼼꼼히 살핀 결과, 학자들은 다음과 같은 사실을 알았다. 한 사람의 사회적 계급—재산, 교육 수준, 명망 있는 직업—을 보면 그 사람이 질병에 취약한지를 예측할 수 있다는 것이다. 계급 사다리에서 한 단씩 내려올 때마다 사람들은 질병에 더 취약해지고 수명도 짧아졌다. 고혈압, 자궁암, 관절염 등 여러 만성질환에 시달렸다. 그들이 받는 의료에 신경을 더 써도 이런 문제는 여전했다. 우리 신경계를 갉아먹는 것은 권력 약화와 관련이 있었다.

무력감에 대한 연구는 이런 사실로부터 자극을 받았으며, 나는 카요 드라이브에 살던 나의 이웃들이 무엇 때문에 난치병에 시달리고 끝내 일찍 세상을 떠났는지를 이해할 수 있었다. 첫째, 일상의 차원에서 힘이 없을수록 우리는 위협에 직면하게 된다.(원리 17) 나의 이웃들은 여러 형태로 위협을 겪었다.

큰 애들은 작은 애들을 괴롭혔고, 학교에서 잘나가는 여자애들은 생활 보조를 받는 다른 여자애들을 아주 못되게 괴롭혔다. 내 친구 메모를 향해서는 인종차별과 동성애 혐오가 쏟아졌고, 학교 선생들은 궁핍한 처지의 학생들을 가혹하게 다뤘으며 체벌도 서슴지 않았다. 내 친구의 부모님들은 불안한 일자리와 일정치 않은 수입으로 힘들어했다. 힘이 없으면 만만치 않은 온갖 종류의 위협에 맞닥뜨려야 한다. 특히 권력을 가진 이들로부터 말이다.

갖은 위협에 노출된 힘없는 자들일수록 만성 스트레스에 시달린다.(원리 18) 영장류 동물 사회에서 아래 서열에 있는 동물들은 위협이 있지 않을까 끊임없이 경계하며 지낸다. 이처럼 다른 존재에게 과도한 신경을 쓰다 보니 스트레스 호르몬인 코르티솔이 과하게 분비된다. 인간도 마찬가지다. 힘이 없다는 것은 가장 강력한 스트레스의 원인이자 코르티솔 분비의 원인이다. 카요 드라이브에 살던 나의 이웃들이 겪은 일상적이며 만성적인 스트레스는 이유를 알 수 없는 불안감, 불면증, 억제할 수 없는 분노, 과도한 음주와 흡연 등의 여러 형태로 나타났다.

만성화된 위협과 스트레스는 사람을 방어적으로 만들고 세

선 한 권 력 의 탄 생
THE POWER PARADOX

상과 어우러질 수 있는 길을 차단한다. 수면, 성생활, 창의성 면에서 그리고 다른 사람과의 신뢰에 바탕을 둔 상호작용에서 문제를 일으킨다. 만성화된 위협과 스트레스는 우리 뇌에서 계획을 세우고 목표를 추구하는 일을 관장하는 부위를 망가뜨린다. 이제 이와 관련된 권력의 원리가 무엇인지 분명해졌다. 힘이 없으면 사회에 기여할 여력이 없다.(원리 19) 카요 드라이브에서 나는 이런 예들을 볼 수 있었다. 아이들은 가만히 앉아서 집중하는 것을 힘들어했고 성적도 좋지 않았다. 그리고 그들의 부모들 사이에서는 우울증이 널리 퍼져 있었다. 힘이 없다는 것은 세상에 기여할 여지가 없다는 것이다.

위협, 스트레스, 코르티솔 분비 등으로 문제가 되는 것은 목표를 향한 행동에서만이 아니다. 그것은 우리 신체에도 부정적인 영향을 미친다. 우리 신경 체계를 무너뜨리고 우리의 심혈관계, 소화계, 면역계, 뇌세포 그리고 DNA까지 해를 입힌다. 권력과 질병 사이의 이 놀라운 관계에 자극을 받은 과학자들은 우리가 주장하는 마지막 권력 원리를 입증할 수 있는 수많은 증거를 제시했다. 그 원리란 권력이 없으면 심신은 큰 고통을 받고 수명도 단축된다는 것이다.(원리 20) 이것을 보면 카요 드라이브의 내 이웃들이 왜 희귀한 질병에 시달렸고 요절

했는지 알 수 있다.

우리가 심각하게 여기는 사회적 문제들—불안, 우울증, 수행 능력 부진, 만성질환, 빈약한 건강—이 카요 드라이브에 만연했다. 이런 문제가 어디서 기인하는지 헤아리고 그에 대한 획기적인 해결책을 고민하려면, 그것들이 위협, 스트레스, 수행 능력 부진, 즉 무력감과 어떤 관계가 있는지 생각해볼 필요가 있다. 권력 역설의 문제를 극복하기 위해서는 무력감의 대가에 대해 숙고할 필요가 있다.

무력감의 대가

원리 17 무력감이 들면 지속적인 위협에 노출된다.

원리 18 무력감이 들면 스트레스를 겪는다.

원리 19 무력감이 들면 사회에 기여할 여력이 없다.

원리 20 무력감이 들면 건강이 나빠진다.

무력감이 들면 지속적인 위협에 노출된다

—

진화 과정을 거치면서 인간은 아프리카 사바나 지역의 위협

―뱀, 해충, 날카로운 송곳니를 가진 포유류, 큰 소리, 흉포해지려는 수컷, 짝지기 경쟁자, 어둠 등―에 민감한 존재가 되었다. 오늘날, 이런 진화적 유산의 결과로 우리는 심각한 21세기의 위협―녹아내리는 빙하의 심각한 위험성, 해수 온난화, 당도가 높은 음식, 운동 부족 등―엔 둔감한 편이다. 그리고 우리는 소수자와 가난하고 힘없는 사람들이 일상에서 직면하는 지속적인 위협에 대해서도 둔감한 편이다. 그런데 최근 연구에 따르면 가난하고 힘이 없을수록 갖은 형태의 위협에 노출된다고 한다.

저소득층 동네에 사는 사람들은 물리적 위해를 받을 가능성이 높다. 가난한 동네일수록 납 함량과 살충제 수치가 높게 나오고, 수질은 오염돼 있고, 독성 폐기물도 많다. 가난한 사람들일수록 소음이 끊이지 않는 곳에서 생활한다. 그들이 사는 곳은 주로 고속도로, 철로, 공장, 산업 단지 주변이다. 그들은 신경을 거슬리게 하는 요란한 경찰 헬기 소리나 항공기 이착륙 소리에 잠을 설치곤 한다. 이런 식으로 수면을 방해받으면 위협감도 더 커질 수밖에 없다. 이와 같은 생활의 물리적 조건이 힘이 없는 사람들에겐 더 큰 위협으로 다가간다.

고등학교에 다닐 때, 카요 드라이브의 또래 친구들과 나는 고물 자동차를 끌고 드라이브를 나가곤 했다. 그러면 어김없이 경찰이 우리를 잡아 세웠다. 그들은 다짜고짜 손전등 불빛으로 우리 눈을 비추고선 이것저것 심문하고 글러브박스를 뒤졌다. 그런 다음 다정한 말투로 말썽 부리지 말라는 경고를 남겼다. 낡은 차를 운전하는 젊은 남자로서 내가 경험한 감시의 눈길과 지속적인 핍박은 상대적으로 권력이 없는 아프리카계나 라틴계 젊은 남자가 인종주의의 잔재 때문에 받았던 그것에 비하면 새 발의 피였다. 경찰은 형평성에 어긋날 만큼 그들을 잡아 세운 뒤 불심검문을 했다. 그리고 나의 경우와 달리 그들을 신체적으로 가혹하게 다뤘다. 혹시 마리화나를 갖고 있다가 걸리기라도 하면, 같은 범죄라 할지라도 그들이 투옥되어 실형을 살 확률은 백인에 비해 훨씬 더 높았다. 유색인들이 성인이 되면, 그들은 관공서나 회사와 같은 기관들로부터 더 많은 따돌림을 받기 시작한다. 이는 그들이 세상에 이바지할 수 있는 길을 직접적으로 차단하는 행위다. 아프리카계 미국인이 구직을 할 때, 고용인들은 다른 백인 지원자들이 낸 이력서에 비해 그들의 이력서를 더 까탈스럽게 검토한다. 집을 구할 때, 다른 사람과 동일한 재무 서류를 제출해도 아프리카계 미국인을 더 꼼꼼히 심사하고 조건도 까다롭게 한다. 기관들은 역사에 의해 그 정체성이 권력이 없는 존재로 각인된 사람들을 배척하고 따돌리고 주변화하는 경향이 있다.

권력이 없는 존재는 지위가 낮으며 수적으로도 소수다. 한 동네에서 수적으로 소수면 인종 폭력에 더 쉽게 노출되는 반면, 다수를 차지하는 사람들은 다른 이들을 함부로 대하고 공격적이 된다.(원리 14)

권력 불균형은 여성에 대한 폭력으로도 나타난다. 교육과 정치 그리고 사회생활 면에서 여성의 지위가 낮은 150개 이상의 문화권을 연구해보니, 해당 지역의 여성일수록 성폭력 피해를 입기 쉬웠으며 지속적으로 그러한 폭력의 위협을 받았다. 그런 지역에서는 직장을 다니는 여성일지라도 권력의 지위가 낮으면 그들을 향한 직장 내 성희롱이 만연했다.

끝으로, 권력이 없으면 좀 더 권력을 가진 자들이 충동적 행위에서 자행하는 끊임없는 위협에 시달리게 된다. 직장에서 권력을 가진 이가 무례하고 거만하게 행동하면, 부하 직원들은 위협을 느낄 수밖에 없다. 상대의 말을 중간에서 자르거나, 남의 말은 들을 생각도 하지 않거나, 악의에 가득 찬 장난을 치거나, 또는 과도한 접촉을 일삼는 식으로 권력을 남용하는 사람이 있으면, 그런 행위의 목표물이 된 사람은 위협감을 느끼게 된다. 그리고 그런 그들은 대부분 권력이 없는 사람들이다.

가난한 집의 아이들일수록 교장이나 교감처럼 권한을 가진 어른들을 신뢰하지 않는다. 공공기관의 관리자 위치에 있는 사람들일수록 그들을 부당하게 처벌하곤 하기 때문이다. 아이들은 그런 위협에 아주 민감해지고, 그것은 또래들과의 관계에도 영향을 미친다. 가난한 집 아이들이 다음과 같은 영상을 본다고 해보자. 점심시간에 배식을 받기 위해 선 줄에서 아이들이 어쩌다 서로 밀치는 영상이다. 이 영상을 본 아이들은 그것이 친구를 괴롭히는 모습이라고 생각할 것이다. 위협에 대한 이런 과민 반응에는 아이러니가 숨어 있다. 빈곤층 아이들에게 만약 가게 점원이 그들에게 다가온다면 어떤 기분이 들겠냐고 물어보자. 부유한 아이들에 비해 가난한 집 아이들일수록 무슨 나쁜 짓을 했다는 이유로 자기들을 붙잡으려고 다가오는 것으로 생각한다. 그리고 이미 살펴보았듯이 가게에서 좀도둑질을 많이 하는 쪽은 오히려 넉넉한 집 아이들이다.

위협에 대한 이런 만성적 과민증 때문에 가난한 사람들의 뇌는 늘 경계의 끈을 놓지 않는 초과민 상태가 된다. 그리하여 중요한 두뇌의 자원이 위협을 감지하고 반응하는 쪽으로만 온통 쏠리게 되는 것이다. 한 연구에서는 실험 참가자들에게 위

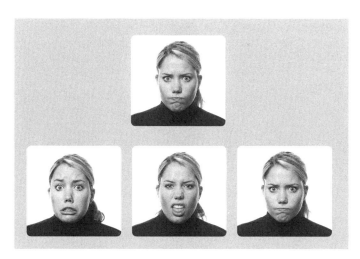

위쪽에 있는 얼굴 사진과 같은 표정을 짓는 사진을 아래 세 장의 얼굴 사진에서 고르시오.

쪽에 있는 얼굴 사진과 같은 표정을 짓는 사진을 그 아래 나열
된 세 장의 얼굴 사진에서 고르라고 했다.

실험 참가자들이 화난 표정을 고를 때, 저소득층 동네에서
자란 이들은 편도체가 강하게 활성화되었다. 편도체는 신경계
에서 스트레스와 관련된 반응을 일으킨다. 무력감을 경험했던
사람일수록 내성적이고 부자연스럽고 불안하다. 무력감을 느
꼈던 사람일수록 큰소리는커녕 하고 싶은 말도 못하며 행동을
머뭇거린다. 권력이 우리를 충동적으로 내지르고 보게 만든다
면, 무력감은 우리를 안으로 감아들게 만든다. 무력감을 느끼

는 건 매사 의욕이 없고 무관심하거나 게을러서 그렇다고 주
장하는 사람들이 있다. 그러나 실상은 전혀 반대다. 무력감으
로 인해 우리는 위협에 매우 민감한 존재가 된다. 일상에서 아
이들 방의 벽에 핀 곰팡이나 녹물 자국, 대출 담당자의 연이은
퇴짜, 직장에서의 푸대접과 같은 위협에 노출되다 보면, 권력
이 없는 사람은 자신이 다른 사람에 비해 별 볼일 없는 존재라
고 생각한다. 권력이 없는 사람이 저런 위협을 받으면, 무언가
열심히 하려고 할 때 스트레스 반응이 수반된다.

무력감이 들면 스트레스를 겪는다

—

사회적 위협—무력감을 불러일으키는 주요인—의 생물학을 이
해하고자 과학자들은 사회 스트레스 테스트[*]를 고안했다. 실
험 참가자들이 참석하면 10분 정도 준비할 시간을 준 뒤 실험
자가 고른 주제를 가지고 낯선 청중 앞에서 연설을 하게 한다.

● Trier Social Stress Test; TSST. 독일 트리어 대학의 연구진이 고안했다 하여 트리어 사회
　스트레스 테스트라고도 불린다. —옮긴이

예를 들어, 안락사를 찬성하는 논지로 연설하거나 국가안보국 NSA의 감시에 반대한다는 논지로 연설을 하는 것이다. 그들이 연설을 하면 청중들은 권력 역설에 종속된 사람의 심드렁한 태도로 반응한다. 트집을 잡는 듯한 얼굴 표정을 짓고, 고개를 가로젓고, 미간을 찌푸리고, 콧방귀를 뀌는 것이다.

이런 식으로 대외적 위협을 받으면 시상하부-뇌하수체-부신 축이라고 하는, 우리 신경계에서 오래된 줄기가 자극을 받는다. 시상하부, 뇌하수체, 부신피질로 이어지는 이 축은 화학적인 상호작용을 하면서 혈중 코르티솔 수치를 높인다.

코르티솔은 우리 몸이 방어와 투쟁-도피 반응을 할 수 있도록 만들어준다. 심박수와 혈압을 높여 필요한 영양분을 혈관을 통해 근육과 기관에 보낸다. 이것은 손에 땀 분비를 촉진하는데, 그래야 적을 붙잡는 데 도움이 되기 때문이다. 그리고 이것은 신진대사가 요구되는 행동을 해야 할 때, 글루코겐을 합성하여 세포에 영양을 공급한다.

또한 코르티솔은 면역계를 자극하기도 한다. 면역계는 우리 몸이 감염과 싸우고 상처를 치유할 수 있도록 도와주는 세포와 분비선으로 이루어진 기관이다. 면역계의 한 가지인 사이토카인 체계는 손상된 세포 주변에서 감염 반응을 불러일으킨다. 즉, 주변의 다른 세포를 자극하여 독소, 박테리아, 바이러스와 같은 병원체를 빨아들이거나 죽이도록 만든다. 그리고 이것은 잠을 푹 자고 아무것도 하지 않고 쉬는, 이른바 "아픔 행동"●을 하도록 우리 뇌를 자극한다. 이런 반응들이 모여 우리 몸은 위협이 상존하는 조건에서 곧잘 노출될 수 있는 병과 부상에서 건강을 회복할 수 있다.

사람의 사회적 정체성을 갉아먹는 위협은 코르티솔 분비를 촉진하고 사이토카인 수치를 높이는 주요인이다. 위협은 방어의 생물학을 작동시킨다. 명문 대학에 들어간 저소득층 학생들이 자신의 계급 배경이 보잘것없음을 느끼면, 그들의 사이토카인 반응 수치는 올라간다. 여자 대학생들이 성적 차별이 얼마나 집요하고 만연한지에 대한 글을 읽고 나면, 그들의 코르티솔 분비도 증가한다. 그런데 성적 차별이 더는 늘어나지 않고 정체돼 있다는 글을 읽으면, 그들의 코르티솔 분비에는 변화가 없다. 아프리카계 미국인이 백인으로부터 비판적 평가를 받으면, 방어 반응과 관련된 생리학적 자극도 커진다.

● sickness behavior, 병에 걸렸을 때, 질병과 싸울 수 있도록 신체가 적응하는 행동(반응)을 가리킨다. ─옮긴이

직장에서 무력감을 느낄 때면 우리 신체는 코르티솔을 분비하면서 반응한다. 군대나 정부 등의 공공 영역의 책임자들을 대상으로 한 연구에 따르면, 승진, 급여, 예산 등의 결정에 관여할 자격이 없거나 다른 사람으로부터 직접 보고를 받는 위치에 있지 못한 사람들의 코르티솔 수치는 높게 나왔다. 연봉이 얼마나 되고 직함이 무엇이든 간에 큰 권력이 없어서 의미 있는 역할을 할 수 없다고 스스로 생각하는 사람은 스트레스와 결부된 코르티솔 수치가 높게 나왔다.

무력감과 방어의 생물학 사이의 관계가 이토록 직접적인 까닭에 단순히 무력한 사람처럼 자세를 취하기만 해도 코르티솔 수치는 높아진다. 먼저 실험 참가자들에게 무력한 사람처럼 자세를 취하게 한다. 앉아 있을 때는 두 손을 가지런히 모으고 어깨와 고개를 떨구게 하고—이는 굴욕과 굴복의 전형적인 자세다—, 서 있을 때는 양팔로 자기 어깨를 감싼 채 다리를 꼬고 서 있게 한다. 이는 체격과 체력을 왜소하게 보이는 동작이다. 다음에는 실험 참가자들에게 권력이 있는 사람의 자세를 취해보게 한다. 일이 분 정도 양손을 허리에 대고 의자에 기대앉게 한 뒤, 손을 책상에 짚고 기댄 자세로 있게 한다.

연구자들에 따르면, 몸으로 무력감의 자세를 취하기만 해도

무력감을 느끼는 사람의 자세

권력이 있는 사람의 자세

코르티솔 수치는 증가했다. 그런데 권력을 가진 듯한 자세를 갑자기 취하는 것만으로도 코르티솔 수치는 감소하고 테스토스테론이 증가했다. 테스토스테론은 자신감 있는 행동을 촉진하는 호르몬이다.

무력감에 의해 코르티솔 수치가 항상 높게 유지되면 우리 뇌는 위협에 대한 매우 민감한 상태로 바뀐다. 코르티솔은 미엘린의 양을 증가시키는데, 미엘린은 자의식이 형성되는 해마와 위협과 관련된 편도를 잇는 뉴런들을 감싸는 막이다. 이 말의 의미는 스트레스와 코르티솔은 위협과 관련된 부위와 정체성과 관련된 부위 사이의 신경화학적 상호작용을 강화시킨다는 것이다. 결국 무력감은 사람들로 하여금 위협에 더욱 민감하게 만들고 스트레스를 높인다.

무력감이 들면 사회에 기여할 여력이 없다
—

인간의 스트레스 반응은 일종의 독재 체제다. 우리가 세상에 참여하는 데 필요한 수많은 다른 과정들을 막아서기 때문이다. 코르티솔은 소화계 활동을 억제하여 에너지원을 투쟁-도피 반응을 위해 비축한다. 냉정하게 말해서, 잠과 휴식은 위협과 위험에 효과적으로 대응하는 데 별 도움이 되지 않기 때문에 코르티솔은 잠을 자거나 휴식을 취하지 못하게 한다. 주변의 다른 자극은 무시하고 혹시나 있을지 모를 위험과 위협에만 온 신경을 곤두세우게 한다.

결국, 무력감과 결부된 상시적 스트레스는 투쟁-도피 반응 외에는 우리가 세상에 기여할 수 있는 여지를 모두 어렵게 만든다. 성적 반응은 혈류의 변화와 성적 기관의 흥분과 같은 아주 섬세한 생물학적 과정인데, 무력감은 이 성적 반응에도 부정적인 영향을 미친다. 수입이 끊길 경우, 여자는 불감증으로 그리고 남자는 발기부전으로 이어진 사례가 꾸준히 나오고 있기 때문이다.

또한 무력감은 지적 기능에도 심각한 영향을 미친다. 위협에 온 신경을 쏟기에 특정 인지 기능—특히, 다른 사람의 마음 상태를 파악하는 공감 기능(원리 13)—은 잘 작동하지만, 치밀하게 사고하고 바람직한 의사 결정을 내리는 기능은 취약하다. 한 연구에서는 대학원생들을 불러 조를 짠 뒤, 어떤 조직에서 뽑으면 좋은 지원자를 추천하도록 했다. 한 조는 권력 역설에 사로잡힌 이가 조장이었다. 즉 그 조장은 목소리도 크고 다른 사람의 말을 곧잘 잘랐으며 다소 위협적인 방식으로 상대를 노려보거나 문제를 지적했다. 다른 조는 차분한 이가 조장이었다. 위협적인 조장이 있는 조의 조원들은 공포와 스트레스를 느꼈고, 그리하여 누구를 뽑아야 하는가의 문제에서 제대로 된 의사 결정을 내리지 못했다. 조장은 좋아했지만, 자격이 충분치 못한 후보자를 고르게 되었다.

또 다른 연구에서는 실험 참가자들이 실험실에 들어오면서 창의성에 관한 표준검사를 받았다. 철자 순서를 맞추고, 종이나 벽돌 같은 물건을 가지고 그 물건의 색다른 용도를 찾아내는 검사였다. 검사를 시작하기 전에 잠시 대기하는데, 한 참가자가 좀 늦게 나타나자 실험자는 그를 윽박지르면서 나가라고 했다. 근처에 있던 다른 참가자들은 권력이 남용되는 모습을 보면서 스트레스와 당혹감을 느꼈다. 결국 그들은 통제 조건 하에서 검사를 마친 참가자들에 비해 철자 순서 맞추기 문제는 하나 덜 맞췄고, 새로운 용도를 대는 문제는 두 개 덜 풀었다.

최근 연구에 따르면 만성적 무력감 즉, 가난은 뇌발달을 저해한다고 한다. 그리고 그것은 학교에서뿐만 아니라 사회에 나가서도 그 영향을 전반적으로 미칠 만큼 지속적인 것이 아닐까 추정하고 있다. 신경과학자들로 이루어진 한 팀은 어린이들 천 명을 대상으로 일정한 발달 단계에 이를 때마다 그들의 뇌를 스캔했다. 어릴 때는 가난한 집 아이의 뇌와 부잣집 아이의 뇌는 크게 다르지 않았다. 그러나 열한 살이 되자, 가난한 집 아이의 뇌가 5퍼센트 정도 작았다. 가난이 가장 큰 영향을 미친 뇌의 부위는 두정엽과 같이 주로 언어, 계획, 추론, 학업, 스트레스 조절 등을 관장하는 부위였다. 가난은 뇌의 특정 부위가 발달하는 것을 억압하는데, 그 부위는 아이들이 학업을 잘 수행하고, 일상의 위협을 잘 대처하며 그리하여 장차 세상에 이바지할 수 있도록 해주는 곳이다.

무력감은 한 개인이 세상에 기여할 수 있는 모든 가능성에 부정적인 영향을 미친다. 무력감 때문에 치르게 되는 대가는 성적인 것에서부터 지적인 것에 이르기까지 다양하다. 그러니 무력감으로 인해 인생의 목적과 즐거움을 잃는 것은 당연한 일이다. 저소득층 사람들은 놀면서 쉽게 쉽게 살고 고소득층 사람들은 불안하고 초조하게 산다고 생각한다면 그런 생각은 접는 게 좋다. 행복에 대한 연구를 보면, 일상에서 무력감을 느끼거나 사회집단 내에서 권력이 별로 없는 위치에 있거나 또는 가난한 동네에 사는 사람들은 권력을 가진 사람들에 비해 행복지수가 낮다고 한다. 이와 같은 사실은 어린이에게서나 어른에게서나 마찬가지다.

만성 가난에 허덕이는 사람은 종종 공황장애—위협감을 느낀 나머지 곧 죽을지도 모른다는 생각이 드는, 사람을 초주검으로 만드는 아주 강력한 생물학적 반응—가 수반되는 병리적 불안 증세에 더 취약하다.

또한 소득이 적으면 우울증에도 취약하다. 가난하고 힘없는 사람이 주요 우울증 삽화—분리감, 냉담함, 절망 그리고 기쁨과 목적성의 상실 상태가 좀 오래 지속되는 우울증 상태—을 겪을 가능성은 평균에 비해 두 배나 높다. 부유한 이들이 절망, 무의미, 불안, 우울로부터 과도한 고통을 겪는다고 생각하는 것은 권력에 대한 잘못된 믿음에서 비롯한다. 이런 잘못된 믿음은 우디 알렌의 영화와 〈뉴요커〉의 단편 이야기들에서 단단히 한몫하는데, 이는 무력감의 실상을 왜곡하는 것이다.

무력감이 들면 건강이 나빠진다
—

무력감이 치르는 마지막 대가는 건강이다(원리 20). 권력과 질병의 관계에 대한 선구적 연구가 시작된 이래, 십여 건에 이르는 연구들은 무력감이 사람의 건강에 얼마만큼 문제를 일으키는가에 집중했다. 한 연구에서는 여성의 건강 상태를 수개월에 걸쳐 조사했다. 식단과 흡연 그리고 건강에 문제를 일으킬 수 있는 요인을 통제한 조건에서 볼 때, 낮은 사회계층에 속하는 여자들일수록 몸 상태가 안 좋았다. 그들은 심각한 불면증을 겪고 있었다. 심박수는 높고 심장은 과부하된 상태에서 고혈압은 위험 수치에 달했고, 혈관에 문제가 생길 가능성—심장마비나 졸도의 위험성이 농후한 심혈관 프로필을 가진—도 컸다. 상대적으로 무력감이 든다고 느끼는 그들은, 다른 비만보다 건강에 더 큰 문제를 초래할 수 있는 복부 비만 상태도 좋지 않았다. 연구 결과 지위가 낮은 여자들은 코르티솔의 수치도 높게 나왔다.

무력감으로 인해 건강 상태가 좋지 않은, 가난한 형편의 산모들은 조숙아나 미숙아를 낳을 가능성이 높았다. 상대적으로 무력감을 느끼는 가정에서 자란 아기들은 유아기와 유년기를 거치면서 천식에서부터 비만에 이르기까지 잦은 병치레를 할 가능성이 높았다. 가난하고 힘없는 환경에서 자란 이가 성인이 되면 심혈관 질환이나 당뇨 또는 호흡기 질환에 걸릴 가능성도 높았다. 그들의 하루하루가 허리 통증, 위장 장애, 두통 등으로 점철될 가능성이 높았던 것이다.

무력감이 우리 건강에 미치는 영향력은 이토록 강한 것이어서, 염색체들을 한데 엮어 세포를 안정되고 강하게 만들어주는 말단소립 DNA 다발에 실제로 손상을 입힌다. 원래 나이가 들수록 말단소립의 길이는 줄어드는데, 세포 노화는 여기서 비롯된다. 그리고 15개국에서 수십만 명의 실험 참가자들을 대상으로 진행한 최근 연구에 따르면, 사회 계급의 차원에서 권력이 없는사람일수록 말단소립은 더 빨리 줄어들고 일찍 노화되었다고 한다. 결국 무력감은 단명의 지름길인 셈이다.

무력감이 빚는 위협과 스트레스는 특히 어린 아이들에게 치명적이다. 어린 시절은 시상하부-뇌하수체-부신 축과 사이토카인 체계가 자리를 잡는 아주 중요한 시기이기 때문이다. 어린이는 어떤 소리가 그들의 문화권에서 사용하는 언어를 구성하는지 그리고 어떤 맛이 그들의 음식 문화를 이루고 있는지를 배우느라 바쁘다. 뿐만 아니라 어린이는 그들이 사는 환경에 도사린 위협과 위험을 배운다. 이러한 것들을 배우면서 어린이는 그에 맞게 자신의 시상하부-뇌하수체-부신 축과 면역계의 틀을 잡아나간다. 가난한 집의 아이들은 온갖 종류의 위협이 도사리고 있다는 사실을 아주 빨리 배우는데(원리 17), 그들의 코르티솔은 늘 높은 수치를 유지하고 염증에 취약한 상태가 된다. 가난하게 자란 사람들일수록 위협적인 자극이 들어오면 극심한 심혈관 반응을 보인다. 코르티솔은 높은 수치를 보이고 면역계 활동과 염증 반응이 증대하는 것이다.

만성 염증과 높은 수치의 코르티솔로 인해 가난한 집의 아이들은 다른 질병의 전초 단계로 금세 넘어간다. 혈관 안에 노폐물이 쌓여 심장병에 걸릴 위험이 커질 수 있는 것이다. 종양이라도 생기면, 그것이 자라고 퍼지는 속도도 상당히 빨라질 수 있다. 염증이 잘 생기는 스트레스 상황에서 자란 가난한 집의 아이들일수록 '노쇠 증후군'에 더 취약하다. 뼈는 약해지고 근육은 소실되어 자전거나 스케이트보드를 타거나 뒤뜰에서 그네를 타다가 넘어지기라도 하면 크게 다칠 수 있다.

이런 모든 문제가 결합되어 가난한 집의 아이가 병이나 심혈관 질환으로 사망할 수 있는 위험은 평균보다 20에서 40퍼센트 이상 더 높다. 인생의 유소년 시절을 가난하게 보낸 사람은 수명이 6년 정도 짧아진다. 가난한 집의 아이가 점점 형편이 나아져 나중에 성인이 돼서는 막대한 부와 지위를 누리게 될지라도 이 통계는 그대로 적용된다. 가난한 집에서 태어났다는 단순한 사실만으로 카요 드라이브에 살았던 내 친구들의 평균 수명은 6년이나 짧고 온갖 질병으로 고생할 확률이 더 높은 것이다.

| 권력 역설을 넘어서 |

부모님 덕에 나는 과학에 관심을 갖고 개인적인 호기심에서든 공부를 위해서든 실험하는 것을 좋아하였다. 그리고 가난의 문제, 성평등의 문제, 인종의 문제, 사회 계급의 문제에 관심을 가졌고, 현상을 비판적으로 바라보는 것에 몰입해 있었다. 그럼에도 부모님이 내게 준 가장 예기치 않은 선물은 바로 카요 드라이브에서의 삶이었다. 거기서 자식들이 새로 사귀어야 할 친구들이 대학에 진학할 가능성이 낮고 말썽이나 피우기 십상인 동네로 이사를 가려는 부모는 많지 않을 것이다. 그러나 우리 집은 그렇게 했다. 잘사는 동네에서 시골의 가난한 마을로 이사한 덕에 나는 권력이 우리 일상생활에 미치는 영향을 직접 목격하고, 권력 역설에 대해 연구할 단초를 얻었다.

　카요 드라이브에서 나는 무력감 때문에 치러야 하는 대가를 처음 마주했다. 가난한 사람은 주로 권력을 가진 사람들로부터 주어지는 온갖 종류의 위협에 더 많이 직면하며 그 위협으로 인해 그들은 스스로를 초라하게 여기게 된다는 사실을 알았다.(원리 17) 그리고 이런 위협 때문에 사람들은 스트레스를 겪으며 일을 제대로 할 수 없었고, 삶의 질과 건강 상태—정서 장애, 학업능력 저하, 희귀병 등—는 나빠질 수밖에 없었다.(원리 18, 19, 20) 이런 사실을 나는 직접 목격했다. 권력의 원리들이 카요 드라이브에 사는 나의 이웃들에게 나타나는 것을 보며 자란 나는 권력 역설을 연구하기에 이르렀다. 무력감의 대가가 무엇인가에 대한 관심에서 비롯된 연구에서 내가 생각했던 것보다 충격적인 결과가 나왔다. 무력감은 한 개인이 사회에 이바지할 수 있는 가능성뿐만 아니라 그의 삶의 질과 건강에도 가장 큰 위협이 되는 것이었다.

연구의 결과는 암울하지만, 거기서 우리는 무력감의 대가를 완화할 수 있는, 단순하면서도 비용이 크게 들지 않는 방법을 찾아낼 수 있었다. 무력감을 느끼는 사람들의 정체성에 가해지는 위협을 완화할 수 있다면, 상황이 나아질 터였다. 이는 사회적 삶의 질과 사회의 건전성을 위해서도 바람직할 터였다. 그렇게 함으로써 인종주의, 양성불평등, 동성애 혐오, 불평등 그리고 정체성을 훼손하는 그 밖의 위협과 싸울 수 있고, 지난날 권리를 박탈당했던 사람들에게 목소리와 기회를 다시 찾아줄 수 있기 때문이다. 무력감을 느끼는 사람들이 사회 안에서 그나마 갖고 있다고 생각하는 스스로의 가치를 북돋는 것도 상황을 호전시킬 수 있는 일이다. 무력감을 느끼는 이들의 자존감을 높여주는 것이다. 그렇게 함으로써 그들이 다른 사람들과 마찬가지로 쓸모 있는 존재라는 사실을 일깨울 수 있기 때문이다. 무력감을 느끼는 사람에게 스트레스를 풀 수 있는 간단한 방법, 예를 들어 운동, 명상, 자연 속 산책 등을 제시해보면, 그들은 학교생활이나 일상생활을 훨씬 더 잘하게 된다. 가난한 시골 동네에 녹지 공간을 마련해주거나, 가난한 사람들이 사는 주택에서 페인트의 납 성분을 제거해주거나, 가난한 지역의 학교에 다니는 학생들이 간단한 호흡법으로 스트레스를 가라앉힐 수 있도록 가르쳐주거나, 저소득층 대학생들이 명문 대학의 백인 학생들과 신뢰의 폭을 넓힐 수 있는 우애의 관계를 맺을 수 있게 해주면, 사람들이 위협을 느끼는 수위는 줄어들고 자존감은 커질 것이다. 그리고 건강 상태와 일의 능률도 향상될 것이다.

그리고 카요 드라이브에서의 경험을 통해 내가 알게 된 또 하나의 중요한 사실은 무력감으로 인한 폐해가 곳곳에 스며드는데, 사람들은 이를 과소평가한다는 것이었다. 아주 외진 시골 마을의 구불구불한 길에서도 그 폐해는 나타났다. 오늘날에 비해 사회 불평등의 정도가 훨씬 덜했던 그 시절에도 말이다. 우리가 권력 역설에 얽매여 다른 사람의 힘을 약화시키고자 한다면, 우리는 다른 사람의 삶에 대놓고 멍에를 얹는 셈이다. 무력감에 치러야 하는 수많은 대가를 경계하는 것만큼 권력 역설의 문제에서 가장 강력한 해결책도 없다.

권력에 이르는 다섯 가지 바른 길

그렇다면 권력 역설을 어떻게 극복할 수 있을까? 지난날의 잘
못을 더는 저지르지 않고 우리의 권력을 최대한 잘 사용하고
자 한다면, 이 새로운 권력학으로부터 어떤 통찰을 이끌어내
야 할까? 가정에서부터 사회에 이르기까지 우리 삶에서 권력
역설이 끼어들지 않는 곳은 없다. 권력 역설의 문제를 다루면
서 우리는 인간의 사회생활에서 영감을 주는 것─혁신, 희생,
발견, 역사의 진보─ 개선되었으면 하고 바라는 것─질병, 우울
증, 결핍, 불평등, 예속, 폭력─에 대해 알 수 있다.

　　인간은 세상에 기여하고자 하며, 다른 사람을 존중하는 방
향으로 나아갈 수 있는 권력 또는 영향력과 같은 것을 갖고자
한다. 어찌 보면 사회란 세상에 기여하고자 하는 인간의 기본

적 열망에 부응하는 조직 형태다. 다음에 제시되는 윤리적 원리들은 사람들로 하여금 이러한 열망을 추구할 수 있도록 해주는 하나의 방편이다. 일상에서 우리가 권력을 유지할 수 있도록 해주는 '다섯 가지 바른 길'이다.

하나, 권력을 가졌다는 느낌을 잘 살펴라

—

권력을 가졌다는 느낌은 온몸을 휘감는 활력과 비슷하다. 다른 사람으로 하여금 어떤 효과적 행동을 하게 하여 소기의 목적을 얻었을 때 그런 느낌을 받는다. 권력에 이르는 첫 번째 바른길은 이런 느낌을 잘 살피는 것이다. 그렇게 한다면 우리는 삶의 가장 버거운 문제 가운데 하나에 답할 수 있을 것이다. 당신의 인생의 목적은 무엇인가? 권력을 가졌다는 느낌은 세상에 기여할 수 있다는 벅찬 감정을 갖도록 해줄 것이다.

그 감정이 어떤 것이고 그 감정의 전후 맥락을 명심한다면, 우리는 권력은 곧 돈이요 명예요 사회적 계급이요 화려한 직함이라는 잘못된 믿음에 빠지지 않을 수 있다. 그리고 그런 것들이 주어지지 않으면 사회에 기여할 길도 없다고 하는 잘못된 생각에 사로잡히지 않을 수 있다. 돈, 명예, 계급, 직함은 무언가 변화를 추구할 수 있다는 상징이자 기회일 뿐이다. 진정한 권력은 최대 선을 확충하는 것이며, 권력에 대한 느낌을 그렇게 갖는다면 우리는 가장 잘 준비된 길로 나아갈 수 있다.

둘, 겸양의 마음을 가져라

—

공동체가 우리에게 권력을 부여한다. 우리 자신의 정체성과 평판—그 정체성을 잡아내 굳히는—을 가장 잘 규정해주는 것도 공동체다. 우리를 향한 다른 사람들의 존경심에서 우리는 우리에게 권력이 있음을 느낀다. 마키아벨리 식의 이기적인 행동을 따라 한답시고 고약한 뒷말이나 해댄다면, 우리는 권력을 잃을 수 있다. 권력은 선물이다. 그리고 세상을 변화시킬수 있는 기회다. 권력을 부리는 데 있어 탁월한 사람들이 있다. 예를 들어, 심각한 언어장애를 갖고 있는 어린이를 서로 어울려 지낼 수 있는 세상으로 이끌어내는 언어 치료사, 하루에 십여 명의 환자를 치료해주는 의사, 예기치 않은 역경에도 불구하고 학생들이 학업과정을 잘 마칠 수 있도록 차근차근 도와주는 교사, 법을 잘 이용하여 파탄날 수 있는 가정을 그렇게 되지 않도록 해주는 가정법원 판사, 소설이나 비소설로 다른 사람의 상상력을 자극하는 작가, 판도를 바꿀 수 있는 스타트업에 자본을 댄 벤처캐피탈리스트 그리고 감옥 안에서 폭력이 일어나지 않도록 하는 죄수 등을 들 수 있다. 이들 모두는 다음과 같은 사실을 잘 알고 있다. 순수한 마음으로 다른 사람에게 힘을 부여하여 최대 선을 도모하고자 할 때, 도파민이 분출되고 미주신경이 활성화되는 것을 그들은 느낀다. 다른 사람에게 영향을 미칠 수 있다는 것은 하나의 특권이기 때문이다. 권력을 가진다는 것은 겸손해지는 것이다.

권력을 쓰되 겸손한 사람은 더 오래 권력을 유지할 수 있다. 역설적이게도 겸손한 자세로 권력, 즉 다른 사람에게 영향을 미칠 수 있는 능력을 추구할수록, 우리의 권력은 더 커진다. 자신이 한 일을 대단하다고 여기지 말고, 늘 냉정히 바라봐야 한다. 열린 마음으로 다른 사람의 회의적인 시각과 반격을 받아들이고 상대가 언제든 그렇게 할 수 있도록 만들어줘야 한다. 우리로 하여금 세상에 기여할 수 있도록 해준 것은 다른 사람들이라는 사실을 명심해야 한다. 우리 앞에는 앞으로도 할 일이 많다.

셋, 다른 사람에게 관심을 기울이고 나눠라

—

권력을 유지할 수 있는 지름길은 관대함이다. 자원, 돈, 시간, 존중심, 권력, 이 모든 것을 나눠야 한다. 나누는 행위를 통해 우리는 사회연결망 속에 있는 다른 사람들에게 권력을 부여하고, 세상에 기여하기 위한 우리의 능력을 더 키워나갈 수 있다.

이처럼 관대한 행위는 강한 공동체를 만드는 데 아주 중요하다. 권력을 다른 사람에게 부여하면 그는 더 행복해진다. 연인 관계에서 양쪽 모두에게 권력을 부여하면 그들은 더 만족스러운 성생활을 할 수 있고, 서로에게 더 헌신하고 있다는 느낌을 갖게 된다. 서로 권력을 부여받은 부모와 자식들은 더 화목해질 수 있다. 이웃들끼리도 서로 권력을 부여받았다는 느낌을 갖게 되면 신뢰도 커지고 이웃 간의 정도 더 돈독해질 수 있다. 직장에서도 상사가 서로에게 권력을 부여하는 분위기를 조성하면 더 즐겁고, 더 생산성 높은 조직을 만들어낼 수 있다. 많은 사람들이 권력을 부여받은 민주주의 국가에서는 그 구성원들이 더 건강하고, 더 행복한 삶을 누릴 수 있다.

모든 측면에서 따져봐도, 우리가 다른 사람에게 많은 권력을 부여하면 할수록, 최대 선은 증진된다. 따라서 다양한 방식으로, 특히 권력을 부여하는 방식으로 우리는 나눠야 한다. 이는 우리가 끊임없이 세상에 기여하고, 우리만의 행복과 삶의 목적을 얻기 위한 가장 중요한 토대임이 언젠가 드러날 것이다.

넷, 존경하는 마음을 가져라
—

다른 사람에게 존경한다는 것은 그들을 귀히 여긴다는 말이다. 그들의 위상을 높이고 그들에게 권력을 부여하는 것이다. 마음에서 우러나는 존경심은 서로 예를 갖추는 태도에서 비롯한 것으로 인류의 조상과 오늘날의 영장류에게서도 찾아볼 수 있다. 사회 공동체의 모든 구성원들은 최소한의 존엄을 인정받을 자격이 있다. 이는 예로부터 내려오는 평등의 기초이며, 오늘날 존경심이라는 형태로 나타난다.

존경하는 마음을 가지려면 노력이 필요하다. 인정을 받고 존중을 받는 것보다 더 가치 있는 보상은 없다. 큰 권력을 갖지 못한 사람들은 다른 사람에게 존경심—칭송, 칭찬, 예의 바른 언어, 상대를 배려하는 몸짓—을 잘 표한다. 그러나 권력을 가진 사람들은 이런 행동을 잘 하지 않는다. 따라서 권력 남용에 빠지지 않고 권력을 잘 유지하기 위해서는 이 네 번째 바른 길인 존경하는 마음을 가져야 한다. 질문을 하고 귀를 기울여 들어야 한다. 다른 사람에게 관심을 갖고 알아봐줘야 한다. 기꺼이 칭찬하고 칭송해야 한다. 그리고 고마움을 표현해야 한다.

다섯, 무력감을 느끼게 하는 심리적 상태에서 벗어나라
—

앞서 네 개의 길은 바로 이 길을 가기 위해 필요한 단계다. 권력이 있다는 느낌을 잘 살피고, 겸양의 마음을 갖고, 서로 나누며, 존경하는 마음을 갖는 것은 다음의 길을 가기 위해서다. 우리는 이 수단을 통해 가정과 일터와 공동체에서 사람들이 남보다 못하다고 느낄 수 있는 여지를 최소화할 수 있다. 남보다 못하다는 느낌은 삶의 질과 건강에서 아주 해롭기 때문이다.

여기서 우리는 한발 더 나아가야 한다. 짬을 내어, 무력감으로 인해 우리가 치러야 하는 대가가 있다면, 그것을 바람직한 방향으로 바꿔보라. 불평등은 점점 커지고 가난은 계속되고 있으니 이런 일을 해볼 수 있는 기회는 많아진 셈이다. 이러한 문제들의 해법은 주로 경제적이며 정치적인 것이다. 그러나 다른 사람보다 못하다고 느낄 때 생기는 무력감의 대가—위협, 스트레스, 수행 능력 부진, 빈약한 건강—를 해결할 수 있는 심리적 해법도 존재한다. 무엇보다 다른 사람을 소중하게 여기는 것이다.

사회에서 여성을 비하하는 것들과 투쟁해야 한다. 아프리카계 미국인들의 삶의 질과 건강을 약화시키고 사회에 기여할 수 있는 기회를 막아서는 인종주의에 맞서야 한다. 사람의 존엄성을 떨어뜨리는 독방 감금, 재정이 열악한 학교, 경찰 폭력과 같은 사회적 요인들에 문제를 제기해야 한다. 그리고 변화를 모색해야 한다. 지역사회와 일터는 도덕적으로 지탄받는 지난날의 잘못 때문에 권력을 박탈당한 사람들에게 권력을 부여하고, 그를 통해 새로운 기회를 창출해야 한다. 20세기 초의 획기적인 사회적 혁명과 같은 모양새는 아니지만 그래도 혁명은 혁명이며 조용한 혁명이다. 이런 혁명은 오늘날 매우 절실하다.

이십 대에 나는 젊은이답게 유토피아적 이상주의에 경도되었고, 권력이 없는 사회를 꿈꾸었다. 평등을 갈망하는 이런 강력한 통찰은 사람들과 가진 것을 나누며, 바람직한 사회를 꿈꾸는 세상 모든 사람에게서 찾아볼 수 있었다. 내 젊은 날의 꿈은 더 평등한 사회로 나아가는 것이었다. 권력 역학과 위계도 존재하지 않고, 어떠한 형태의 계급도 존재하지 않는, 더 나아가 종속과 굴욕과 강압이 존재하지 않는 사회였다.

이 책을 쓰도록 만든 새로운 권력학을 연구하면서 내 관점은 바뀌었다. 물론 아직도 나를 인도하는 것은 평등을 향한 깊디깊은 통찰이며, 여전히 나는 사회적 낙인과 강압 그리고 사람을 경시하는 태도를 몰아내기 위한 길을 모색하고 있다. 그러나 지금의 나는 모든 사람들이 가능한 많은 권력을 갖는 사회를 꿈꾼다. 우리의 사회적 삶에서 권력은 늘 존재할 것이기 때문이다. 인간의 사회적 삶과 역사에서 기본 형태로 자리 잡고 있는 권력 역설을 극복할, 더 나은 길을 찾을 수 있기를 희망한다. 그렇게만 할 수 있다면, 더 많은 사람들이 그들에게 걸맞은 방식으로 세상에 기여할 수 있을 것이다.

1%가 아닌 '우리 모두'를 위한 권력 사용법

선한 권력의 탄생

제1판 1쇄 인쇄 | 2018년 5월 10일
제1판 1쇄 발행 | 2018년 5월 17일

지은이 | 대커 켈트너
옮긴이 | 장석훈
펴낸이 | 한경준
펴낸곳 | 한국경제신문 한경BP
편집주간 | 전준석
책임편집 | 마현숙
저작권 | 백상아
홍보 | 정준희 · 조아라
마케팅 | 배한일 · 김규형
디자인 | 김홍신
본문디자인 | 디자인 현

주소 | 서울특별시 중구 청파로 463
기획출판팀 | 02-3604-553~6
영업마케팅팀 | 02-3604-595, 583 FAX | 02-3604-599
H | http://bp.hankyung.com   E | bp@hankyung.com
T | @hankbp   F | www.facebook.com / hankyungbp
등록 | 제 2-315(1967. 5. 15)

ISBN   978-89-475-4348-4   03180